KB272034

글은 못 쓰지만,
좋은 책을 냅니다

글은 못 쓰지만,
좋은 책을 냅니다

AI와 함께하는 쉽고 빠른 책 쓰기

# 글은 못 쓰지만, 좋은 책을 냅니다

황성진 지음

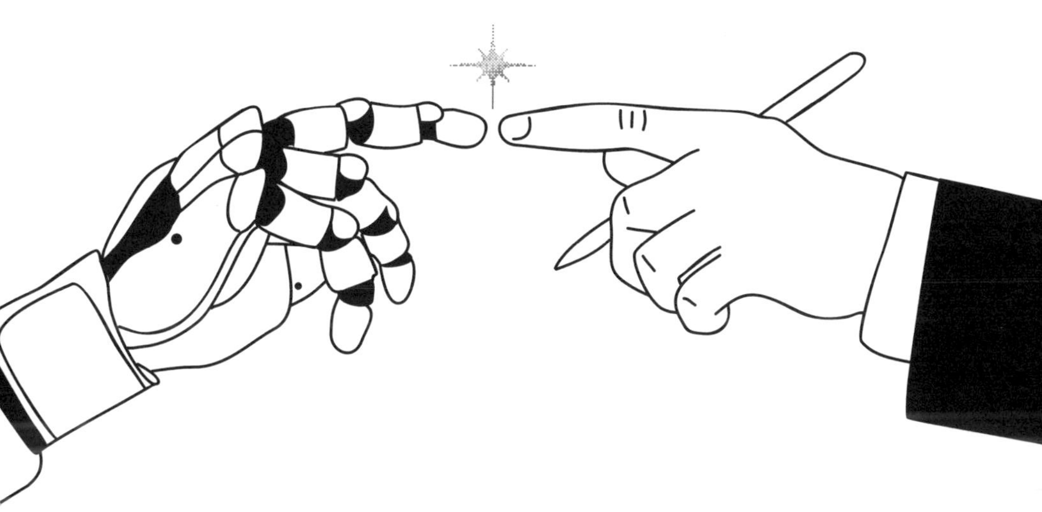

한스컨텐츠

# 당신도
# 작가가 될 수 있습니다

## 작가 시대가 열렸습니다

2024년 11월, 저는 한 가지 실험을 시작했습니다. AI를 활용해 누구나 21일 만에 책을 쓸 수 있도록 돕는 프로그램, 'AI 최강작가'를 운영하기 시작한 것입니다. 처음에는 반신반의했습니다. 과연 글쓰기 경험이 전혀 없는 사람들이 AI와 함께 책을 완성할 수 있을까? 그들이 정말 작가가 될 수 있을까?

결과는 놀라웠습니다. 161명이 프로그램에 참여했고, 그중 155명이 실제로 책을 출간했습니다. 96.2%가 넘는 성공률이었습니다. 이들은 특별한 문학적 재능을 가진 사람들이 아니었습니다. 그저 자신의 이야기를 나누고 싶었던 평범한 사람들이었습니다. 전문가, CEO, 직장인, 시니어, 주부까지 다양한 배경을 가진 이들이 AI 와 함께 자신만의 책을 완성했습니다.

그 과정에서 저는 하나의 확신을 갖게 되었습니다. 작가 시대가 열렸다는 것을. 이제 책쓰기는 더 이상 소수의 전유물이 아닙니다. AI라는 파트너가 곁에 있다면, 누구나 자신의 경험과 생각을 책으로 엮어낼 수 있는 시대가 된 것입니다.

### 155명의 이야기가 증명한 것

프로그램을 운영하며 저는 수많은 변화의 순간을 목격했습니다. 처음에는 "저는 글을 못 써요"라고 말하던 사람들이, 21일 후에는 자신의 이름이 새겨진 책을 손에 들고 있었습니다. "내가 정말 작가가 될 줄은 몰랐어요"라는 고백을 들을 때마다, 저는 이 방법을 더 많은 사람과 나눠야겠다고 생각했습니다.

참여자들이 공통으로 겪었던 변화는 명확했습니다. 첫째, 그들은 자신의 경험에 가치가 있다는 것을 발견했습니다. 20년 넘게 쌓아온 전문성, 살아오며 겪은 크고 작은 이야기들이 누군가에게는 의미 있는 콘텐츠가 될 수 있다는 사실을 깨달았습니다. 둘째, 혼자서는 막막했던 글쓰기가 AI와 함께하니 대화처럼 자연스러워졌습니다. 질문에 답하고, 생각을 정리하고, 문장으로 다듬는 과정이 더 이상 고통스럽지 않았습니다.

셋째, 그들은 책을 통해 새로운 기회를 만났습니다. 퍼스널 브랜딩이 강화되었고, 강연 요청이 들어왔으며, 새로운 비즈니스 기회가 열렸습니다. 책은 단순히 콘텐츠가 아니라, 그들의 존재를 증명하는 자산이 되었습니다.

**이 책이 당신에게 줄 것**

이 책은 그 155명이 걸었던 길을 여러분도 걸을 수 있도록 안내하기 위해 쓰였습니다. 여러분이 이 책을 통해 얻게 될 것은 세 가지입니다.

첫째, AI를 활용한 실전 글쓰기 시스템입니다. 저는 수많은 사람과 함께 책을 쓰며 하나의 프레임워크를 완성했습니다. 'STORIES 프레임워크'라고 부르는 이 시스템은 주제 발굴부터 목차 설계, 초고 작성, 내용 풍부화, 퇴고와 검증, 출간과 브랜딩까지 전 과정을 단계별로 안내합니다. 이 책에서는 그중에서도 입문자가 가장 먼저 경험해야 할 핵심 단계들을 소개합니다. 그 과정은 어렵지 않습니다. 대화하듯 질문에 답하고, AI가 정리해주는 방식으로 자연스럽게 진행됩니다.

둘째, 구조화된 글쓰기 능력입니다. 많은 사람이 글쓰기를 어려워하는 이유는 재능이 부족해서가 아닙니다. 생각을 정리할 구조가 없기 때문입니다. 이 책은 여러분에게 주제를 발굴하는 법, 목차를 설계하는 법, 각 부와 장, 절을 구성하는 법을 알려드립니다. 한 번 이 구조를 익히면, 첫 번째 책뿐 아니라 두 번째, 세 번째 책도 혼자 힘으로 쓸 수 있게 됩니다.

셋째, 책을 통한 기회 창출 전략입니다. 책은 단순히 읽히는 콘텐츠가 아닙니다. 여러분의 전문성을 증명하고, 퍼스널 브랜딩을 완성하며, 새로운 비즈니스 기회를 여는 플랫폼입니다. 이 책은 책을 출간한 이후 여러분이 만나게 될 변화와 기회들을 구체적으로 안내합니다.

### 이 책을 어떻게 읽어야 할까요

이 책은 총 8개의 장으로 구성되어 있습니다. 1장에서는 왜 지금 여러분이 책을 써야 하는지, 책쓰기 시대가 어떻게 열렸는지를 이야기합니다. 2장에서는 주제를 발굴하고 방향을 설정하는 법을, 3장에서는 목차를 설계하는 법을 배웁니다. 4장에서는 초고를 빠르게 작성하는 실전 전략을, 5장에서는 AI로 내용을 풍부하게 만드는 방법을 다룹니다. 6장에서는 퇴고와 출간 준비를, 7장에서는 브랜딩과 확장 전략을, 8장에서는 지속 가능한 작가 생활을 위한 루틴과 마인드셋을 소개합니다.

이 책을 읽는 방법은 간단합니다. 순서대로 읽으며 각 단계를 따라가면 됩니다. 중요한 점은 읽기만 하지 말고, 실천하는 것입니다.

각 절이 끝날 때마다 제시되는 실천 가이드를 따라 여러분의 책을 조금씩 만들어가세요. 이 책을 다 읽을 즈음이면, 여러분 손에는 완성된 초고 한 권이 들려 있을 것입니다.

### 저의 약속

저는 여러분께 약속드립니다. AI와 함께라면, 누구나 책을 쓸 수 있습니다. 여러분이 글을 잘 쓰는지 못 쓰는지는 중요하지 않습니다. 중요한 점은 여러분에게 나눌 이야기가 있다는 것, 그리고 그 이야기를 책으로 엮어낼 의지가 있다는 것입니다.

이 책은 여러분의 첫 책이 될 것입니다. 그리고 그 첫 책은 여러분의 인생에 새로운 장을 열어줄 것입니다. 퍼스널 브랜딩이 완성되고, 새로운 기회가 찾아오며, 여러분 스스로를 더 깊이 이해하게 될 것입니다.

작가 시대가 열렸습니다. 이제 여러분이 그 문을 열고 들어갈 차례입니다. AI는 여러분 곁에서 함께 걸어갈 준비가 되어 있습니다. 저 역시 이 책을 통해 여러분의 여정을 응원하겠습니다.

자, 이제 시작해볼까요? 여러분의 첫 문장을 쓸 시간입니다.

차례

# 6장. 드디어 출간이다



# 7장. 출간 후, 진짜 시작이다



# 8장. 흔들려도 다시 쓰는 법

# 책,
# 나도 쓸 수 있을까?

**1장**

책을 쓰고 싶다는 생각, 한 번쯤 해보셨을 겁니다. 하지만 막상 시작하려면 막막합니다. 재능이 없어서, 시간이 없어서, 방법을 몰라서 미뤄왔을지도 모릅니다. 이 장에서는 왜 지금이 책을 쓰기에 가장 좋은 시기인지, 그리고 왜 여러분이 충분히 작가가 될 수 있는지 이야기합니다. AI가 바꿔놓은 책 쓰기의 풍경, 그리고 여러분이 지금 당장 시작해야 하는 이유를 함께 살펴 보겠습니다.

# 책쓰기 시대의
# 도래

## 10년 전과 지금, 무엇이 달라졌는가?

2015년, 책을 출간하려면 출판사의 승인을 받아야 했습니다. 기획서를 보내고, 몇 달을 기다리고, 거절당하고, 다시 도전하는 과정을 반복해야 했습니다. 운 좋게 계약을 따낸다 해도 인세는 정가의 10% 내외, 그마저도 판매 부수가 일정 수준을 넘어야만 받을 수 있었습니다. 편집자의 요구에 맞춰 원고를 수정하고, 출판사의 일정에 맞춰 마감을 지켜야 했습니다. 책 한 권을 내는 일은 특별한 사람들만의 영역이었습니다.

하지만 지금은 다릅니다. 여러분이 쓴 원고는 출판사를 거치지 않고도 책이 될 수 있습니다. 전통적인 출판사와의 계약을 원한다면 그 길도 여전히 열려 있습니다. 주문형 출판(POD, Print on Demand)을 통해 종이책을 만들 수도 있고, 전자책 플랫폼을 통해 디지털로 독자를 만날 수도 있습니다. 선택지가 다양해진 것입니다. 무엇보다 중요한 것은, 출판 방식과 관계없이 여러분이 완성한 원고 그 자체가 이미 충분한 가치를 가진다는 사실입니다.

이런 변화는 단순히 출판 방식의 다양화만을 의미하지 않습니다. 2023년 이후 생성형 AI의 등장은 책쓰기 자체의 문턱을 낮췄습니다. 챗GPT(ChatGPT), 클로드(Claude), 제미나이(Gemini) 같은 AI는 이제 누구나 사용할 수 있는 글쓰기 파트너가 되었습니다. 주제를 잡아주고, 목차를 구성하고, 초고를 빠르게 만들고, 문장을 다듬어주는 일까지 AI가 함께합니다. 혼자서는 6개월이 걸릴 일을 3주 만에 해낼 수 있게 된 것입니다.

실제로 개인 저자들의 책 출간이 급증하고 있습니다. 아마존 KDP만 해도 연간 수백만 권의 자가출판 책이 쏟아지고 있으며, 국내에서도 전통 출판사를 거치지 않고 베스트셀러에 오르는 사례가 늘어나고 있습니다. 전자책으로 시작해 반응이 좋으면 종이책으로 확장하거나, 반대로 종이책으로 먼저 출간한 뒤 전자책으로 독자층을 넓히는 등 다양한 전략이 가능해졌습니다. 이제 책쓰기는 더 이상 특별한 재능을 가진 소수의 영역이 아닙니다. 누구나 작가가 될 수 있는 시대가 열린 것입니다.

## 책이 개인의 존재 자산이 되는 시대

책은 더 이상 단순히 읽히기 위한 매체가 아닙니다. 책은 이제 여러분의 존재를 증명하는 자산이 되었습니다. 명함에 "○○○ 저자"라고 쓰는 순간, 여러분은 전문가로 인식됩니다. 누군가 여러분의 이름을 검색했을 때 책이 그 결과로 나온다면, 그것만으로도 신뢰도가 달라집니다.

책은 검색 자산이기도 합니다. 여러분이 책을 낸다면, 그 책은 인터넷에 영구적으로 남아 검색됩니다. 누군가 관련 주제를 찾을 때마다 여러분의 이름과 책이 노출됩니다. 블로그 포스팅 100개보다 책 한 권이 훨씬 강력한 이유입니다. 구글이나 네이버에서 여러분의 이름을 검색했을 때 나오는 첫 번째 결과가 "○○○ 저자"라면, 그것만으로도 충분히 강력한 브랜딩입니다.

무엇보다 책은 여러분 자신을 정리하는 도구입니다. 20년 넘게 쌓아온 경험과 노하우를 체계적으로 정리하는 과정은 여러분의 전문성을 한 단계 끌어올립니다. 막연히 알고 있던 것들이 명확해지고, 흩어져 있던 지식들이 하나의 구조로 엮입니다. 책을 쓰는 과정 자체가 여러분을 성장시키는 것입니다.

## AI가 바꾼 책쓰기의 풍경

과거에는 책을 쓰려면 기본적으로 글쓰기 재능이 있어야 한다고 믿었습니다. 문장력이 좋아야 하고, 논리적으로 생각을 정리할 줄 알아야 하고, 오랜 시간 앉아서 집중할 수 있어야 한다고 생각했습니다. 하지만 AI는 이 모든 전제를 무너뜨렸습니다.

AI는 여러분이 말로 풀어낸 이야기를 글로 정리해줍니다. 여러분은 그저 생각을 자유롭게 말하면 됩니다. AI가 그것을 받아 적고, 문장을 다듬고, 구조를 잡아줍니다. 마치 대화하듯 책을 쓸 수 있게 된 것입니다. 이제는 "나는 글을 못 써"라는 말이 핑계가 될 수 없습니다. 말을 할 수 있다면, 책을 쓸 수 있습니다.

목차를 구성하는 일도 마찬가지입니다. 과거에는 책의 전체 구조를 머릿속에 그려야 했습니다. 어떤 순서로 이야기를 풀어갈지, 어떤 장에서 무엇을 다룰지 미리 설계해야 했습니다. 하지만 AI는 여러분이 전달하고자 하는 메시지를 듣고, 최적의 목차를 제안합니다. 여러 개의 대안을 보여주고, 여러분이 선택하면 그에 맞춰 세부 구조를 만들어줍니다. 여러분은 방향만 정하면 됩니다. AI가 지도를 그려줍니다.

오픈AI(OpenAI)의 최신 연구에 따르면, 챗GPT 대화의 약 75%가 실용적 가이드, 정보 검색, 글쓰기에 집중되어 있으며, 그중 글쓰기가 가장 흔한 업무 관련 작업입니다. AI를 활용한 사람들은 평균적으로 글쓰기 속도가 크게 빨라지고, 퇴고 시간도 대폭 줄었다고 보고합니다. 이제 AI는 선택이 아니라 필수가 되었습니다.

물론 AI가 모든 것을 대신해주지는 않습니다. AI는 여러분의 경험을 대신 살아주지 못하고, 여러분의 생각을 대신 떠올려주지 못합니다. AI는 도구일 뿐이고, 여러분의 이야기는 여러분만이 가지고 있습니다. 하지만 그 이야기를 책이라는 형식으로 구조화하고, 독자가 읽을 수 있는 언어로 번역하는 과정에서 AI는 강력한 파트너가 됩니다. 여러분이 가진 원석을 AI가 다듬어 보석으로 만들어주는 것입니다.

## 지금이 바로 책을 쓸 최적의 시기다

———

많은 사람이 "나중에 시간이 나면 책을 써야지"라고 말합니다. 하지만 그 '나중에'는 오지 않습니다. 책쓰기는 시간이 많아서 하는 일이 아니라, 시간을 만들어서 하는 일입니다. 그런데 지금은 과거 어느 때보다도 책을 쓰기 쉬운 환경이 갖춰져 있습니다.

첫째, 출판 방식의 선택지가 넓어졌습니다. 전통 출판사를 통한 계약 출판, 주문형 출판(POD), 전자책 플랫폼 등 여러분의 상황과 목적에 맞는 방법을 선택할 수 있습니다. 중요한 것은 어떤 방식을 선택하든, 먼저 완성된 원고가 있어야 한다는 점입니다. 이 책은 바로 그 원고를 완성하는 과정을 돕기 위한 것입니다.

둘째, AI 기술이 누구나 사용할 수 있는 수준까지 발전했습니다. 챗GPT는 무료 버전만으로도 충분히 책을 쓸 수 있는 기능을 제공합니다. 클로드, 제미나이 같은 다른 AI 도구들도 마찬가지입니다. 복잡한 프로그래밍 지식이 필요하지 않습니다. 대화하듯 질문하고 요청하면 됩니다.

셋째, 책의 형태가 다양해졌습니다. 종이책, 전자책, 오디오북 등 독자들이 콘텐츠를 소비하는 방식이 다양해지면서, 여러분의 원고가 독자를 만나는 경로도 확장되었습니다. 하지만 어떤 형태로든 출간하기 위해서는 먼저 탄탄한 원고가 필요합니다. 50~100페이지 분량이든, 200페이지가 넘는 본격 저작이든, 원고의 완성도가 가장 중요합니다.

넷째, 퍼스널 브랜딩의 중요성이 그 어느 때보다 커졌습니다. 링크드인, 브런치, 인스타그램 같은 플랫폼에서 자신의 전문성을 알리는 사람들이 늘어나고 있습니다. 하지만 소셜미디어 포스팅은 금방 사라집니다. 책은 영구적으로 남습니다. 여러분의 전문성을 가장 확실하게 증명할 방법이 바로 책입니다.

저는 이 모든 변화를 지켜보며 확신하게 되었습니다. 지금이야말로 누구나 책을 쓸 수 있는 최적의 시기라는 것을. 기술은 준비되었고, 플랫폼은 열려 있고, 독자는 기다리고 있습니다. 이제 필요한 것은 여러분의 결심뿐입니다.

## 여러분도 작가가 될 수 있다

책쓰기 시대의 도래는 단순히 기술적 변화를 의미하지 않습니다. 이것은 기회의 민주화입니다. 과거에는 소수의 특권이었던 작가라는 지위가 이제 누구에게나 열린 것입니다. 여러분이 가진 경험, 전문성, 삶의 이야기는 이미 책이 될 충분한 가치를 가지고 있습니다. 단지 그것을 어떻게 책으로 만들어야 할지 몰랐을 뿐입니다.

AI는 그 방법을 알려줍니다. 여러분이 가진 이야기를 책의 언어로 번역해주고, 흩어진 생각을 하나의 구조로 엮어주고, 막막한 시작을 쉽게 만들어줍니다. 이제 여러분은 더 이상 혼자가 아닙니다. AI라는 든든한 파트너가 여러분 곁에 있습니다.

이 책을 읽고 있는 지금, 여러분은 이미 작가가 될 준비를 시작한 것입니다. 책쓰기 시대는 도래했고, 그 시대의 주인공은 바로 여러분입니다. 다음 절에서는 왜 어떤 사람은 책을 완성하고 어떤 사람은 포기하는지, 그 차이가 무엇인지 함께 살펴보겠습니다.

1절 1에서 "책쓰기 시대가 열렸다"는 걸 설명하고
싶어.
근데 그냥 "AI가 좋아졌다"만 말하면 밋밋해.

10년 전과 지금을 대비시키면 임팩트가 생겨요.

2015년: 출판사 문 두드리고, 거절당하고, 몇 년 기다리고
2025년: 오늘 쓰고, 내일 출간하고, 바로 독자 만나고

대표님이 직접 경험한 변화가 있나요?

예전에 책 내려고 출판사 열 군데 보냈다가 다 거
절당한 적 있어.
지금은 수강생들이 3주 만에 전자책 내잖아.

그 경험을 넣으면 됩니다.

"저도 출판사 10곳에서 거절당한 적이 있습니다.
그런데 지금 제 수강생들은 3주 만에 책을 냅니다.
10년 사이에 무슨 일이 있었던 걸까요?"

…중략…

독자가 '그래서 뭐가 달라진 거지?'
궁금해하면서 읽게 돼요.

# 책을 쓰는 사람과
# 못 쓰는 사람의 차이

## 같은 AI를 쓰는데 왜 결과가 다를까요

요즘 AI로 글 쓰는 분들이 많습니다. 그런데 이상한 일이 벌어집니다. 같은 챗GPT를 쓰는데, 어떤 사람은 책을 완성하고 어떤 사람은 첫 장도 못 끝냅니다. 도구는 똑같습니다. 차이는 어디서 올까요?

1991년 일본 아오모리현에 거대한 태풍이 들이닥쳤습니다. 수확을 앞둔 사과의 90%가 땅에 떨어졌습니다. 농부들은 망연자실했습니다. 그런데 한 젊은 농부가 다른 곳을 바라봤습니다. 떨어진 90%가 아니라, 나무에 남아 있는 10%를요.

'이 사과들은 왜 안 떨어졌을까?'

그는 남은 사과에 새로운 이름을 붙였습니다.

'합격사과'

태풍에도 떨어지지 않은 사과라면, 시험에도 떨어지지 않는다는 의미였습니다. 사과는 날개 돋친 듯 팔려나갔습니다.

똑같은 태풍, 똑같은 사과였습니다. 하지만 보는 눈이 달랐습니다.

책쓰기도 마찬가지입니다. 같은 AI를 쓰면서도 결과가 다른 이유는 도구의 문제가 아닙니다. 책쓰기를 바라보는 관점의 문제입니다. 대부분은 '글재주가 있어야 책을 쓴다'라고 생각합니다. 하지만 책을 완성하는 사람들은 다르게 봅니다.

'구조가 있으면 누구나 쓸 수 있다.'

## 재능이 아니라 구조의 문제입니다

———

"저는 글을 잘 못 써요."

지난 1년간 AI 최강작가 프로그램을 운영하며 가장 많이 들은 말입니다. 그런데 이 말을 하는 사람들 대부분은 사실 글을 못 쓰는 게 아닙니다. 카톡이나 이메일로는 자신의 생각을 명확하게 전달합니다. 회의에서는 논리적으로 발표하고, 친구들에게는 재미있게 이야기합니다. 그런데 유독 '책을 쓴다'고 하면 막힙니다. 왜 그럴까요?

저는 161명이 책을 쓰는 과정을 지켜보며 하나의 진실을 발견했습니다. 그중 155명이 실제로 작가가 되었습니다. 책을 완성하는 사람과 중간에 포기하는 사람의 차이는 재능이 아니라 구조의 유무였습니다. 글을 잘 쓰는 능력이 있어도 구조가 없으면 무너지고, 글솜씨가 부족해도 구조가 있으면 완성됩니다.

마치 건물을 짓는 것과 같습니다. 아무리 좋은 벽돌과 시멘트가 있어도 설계도 없이는 집을 지을 수 없습니다. 반대로 설계도만 확실하다면, 자재는 하나씩 채워나가면 됩니다. 책쓰기도 마찬가지입니다. 여러분이 중간에 포기했던 이유는 재능이 부족해서가 아닙니다. 구조가 없었기 때문입니다. 어디서 시작해야 할지, 다음에 무엇을 써야 할지, 전체적으로 어떤 흐름으로 가야 할지 보이지 않았기 때문입니다.

## 혼자 쓰면 무너지는 세 가지 지점

———

책을 혼자 쓰려고 하면 대부분이 같은 지점에서 무너집니다. 첫 번째는 시작 단계, 두 번째는 중반부, 세 번째는 마무리 단계입니다.

첫 번째 무너짐은 시작의 벽입니다. '책을 써야지!' 하고 마음먹고 컴퓨터 앞에 앉습니다. 워드 프로그램을 열고 첫 문장을 쓰려고 합니다. 그런데 손가락이 멈춥니다. 무엇부터 써야 할까요? 어떤 톤으로 시작해야 할까요? 첫 문장이 너무 평범하면 어떡하죠? 이런 생각들이 머릿속을 맴돕니다. 한 시간을 앉아 있어도 한 문장도 못 쓰고 일어납니다. 많은 사람이 책을 쓰기도 전에 이 벽 앞에서 포기합니다.

문제는 '완벽한 첫 문장'을 쓰려고 한다는 것입니다. 하지만 책쓰기는 첫 문장부터 완벽할 필요가 없습니다. 초고는 말 그대로 초고일 뿐이고, 나중에 얼마든지 고칠 수 있습니다.


두 번째 무너짐은 중반부의 늪입니다. 운 좋게 시작했다고 해도, 중반부에서 대부분 무너집니다. 처음 며칠은 신이 나서 씁니다. 1만 자, 2만 자가 쌓여갑니다. 그런데 어느 순간 갑자기 막힙니다.

'다음에 뭘 써야 하지?'

'이미 쓴 내용이 앞뒤가 안 맞는 것 같은데?'

처음의 열정은 사라지고, 끝은 보이지 않습니다. 내가 쓰고 있는 내용이 어디로 가고 있는지 방향을 잃습니다. 이때 많은 사람이 '역시 나는 책을 쓸 수 없는 사람이야'라고 생각하며 포기합니다. 하지만 이것은 능력의 문제가 아닙니다. 전체 지도가 없이 걷다 보니 길을 잃은 것뿐입니다.

세 번째 무너짐은 마무리의 함정입니다. 놀랍게도 책의 80%를 완성하고도 출간하지 못하는 사람들이 많습니다. 거의 다 썼는데, 마지막 정리가 안 됩니다.

'이 부분을 좀 더 보완해야 할 것 같은데.'

'이 장은 다시 써야 할 것 같은데.'

이렇게 생각하며 끝없이 수정만 합니다. 완벽하게 만들려다 보니 끝을 내지 못합니다. 중요한 것은 완벽함이 아니라 완성입니다. 80%의 완성도로 출간하는 것이, 100%를 추구하다 영원히 출간하지 못하는 것보다 낫습니다.

## 구조가 있으면 달라지는 것들

———

1997년 미국에서 한 남자가 비디오 대여점에서 빌린 영화를 6주나 늦게 반납했습니다. 40달러의 연체료를 물어야 했습니다. 대부분은 연체료를 내고 투덜거리다 잊어버렸을 겁니다. 하지만 리드 헤이스팅스는 다르게 봤습니다.

'반납이라는 것 자체가 필요 없다면 어떨까?'

이 질문 하나가 넷플릭스의 시작이었습니다. 10년 뒤, 비디오 대여 업계의 절대 강자 블록버스터는 파산했고, 넷플릭스는 세계 최대 스트리밍 기업이 되었습니다.

모두가 당연하게 받아들이는 것을 의심했을 때, 완전히 새로운 길이 열렸습니다.

책쓰기에서도 마찬가지입니다. 대부분은 '글재주가 있어야 책을 쓴다'는 전제를 당연하게 받아들입니다. 하지만 이 전제를 뒤집어 보면 어떨까요?

'구조가 있으면 글재주 없이도 책을 쓸 수 있다.'

이렇게 보는 순간, 책쓰기의 풍경이 완전히 달라집니다.

구조가 있으면 여러분에게 세 가지가 생깁니다. 첫째는 방향, 둘째는 속도, 셋째는 완결성입니다.

구조가 있으면 지금 어디에 있고, 다음에 무엇을 써야 할지 명확해집니다. 마치 내비게이션을 켜고 운전하는 것과 같습니다. 지금 내가 전체 여정의 어느 지점에 있는지 보이고, 다음 목적지까지 얼마나 남았는지 알 수 있습니다. 길을 잃을 염려가 없으니 안심하고 앞으로 나아갈 수 있습니다.

저는 이것을 '초고 기획서'라고 부릅니다. 주제 선언문, 목차, 장별 핵심 메시지가 바로 초고 기획서를 구성하는 요소들입니다. 초고 기획서만 있으면 여러분은 절대 길을 잃지 않습니다. 오늘은 3장을 쓰고, 내일은 4장을 쓰면 됩니다. 각 장에서 무엇을 전달해야 하는지 이미 정해져 있으니, 그저 그 내용을 채워나가기만 하면 됩니다.

구조가 있으면 글쓰기 속도가 빨라집니다. 왜냐하면, 고민하는 시간이 줄어들기 때문입니다. '다음에 뭘 쓸까?' 하고 멈춰 있는 시간이 사라집니다. 이미 다음에 쓸 내용이 정해져 있으니까요. 마치 레시피를 보고 요리하는 것과 같습니다. 레시피가 있으면 다음 단계가 뭔지 고민할 필요가 없습니다. 그냥 따라 하면 됩니다.

마지막으로, 구조가 있으면 완결성이 보장됩니다. 목차가 있다는 것은 끝이 정해져 있다는 뜻입니다. 언제 끝날지 모르는 경주가 아니라, 결승선이 보이는 마라톤이 됩니다. 그래서 끝까지 달릴 수 있습니다.

## 다르게 보면 길이 보입니다

———

합격사과를 만든 젊은 농부도, 넷플릭스를 창업한 헤이스팅스도 특별한 기술을 가진 사람이 아니었습니다. 그들은 단지 남들과 다른 곳을 바라봤습니다. 떨어진 90%가 아니라 남은 10%를. 연체료가 아니라 반납이라는 전제를.

여러분도 할 수 있습니다. 글재주가 없어서 책을 못 쓴다는 생각을 뒤집어 보세요. '구조가 있으면 나도 쓸 수 있다'라며 다르게 보는 순간, 책쓰기는 더 이상 불가능한 일이 아닙니다.

이 책의 나머지 부분에서는 바로 그 구조를 만드는 방법을 알려

드립니다. 주제를 발굴하고, 목차를 설계하고, 초고 기획서를 완성

하는 과정을 함께 걸어가겠습니다. 구조만 갖추면, 여러분은 반드

시 책을 완성할 수 있습니다.

"재능이 없어도 된다"는 말, 어떻게 해야 설득력이 있을까?
그냥 말로만 하면 위로처럼 들릴 것 같아.

데이터로 보여주면 됩니다.

161명 중에 글쓰기 경험자가 몇 명이었어요?

대부분 처음이었어. 블로그도 안 해본 사람이
70%는 됐을걸.

그러면 이렇게 쓸 수 있어요.

"161명 중 70%는 블로그 글도 써본 적 없었습니다.
그런데 155명이 책을 완성했습니다.
재능의 문제가 아니었다는 증거입니다."

…중략…

숫자가 말해주니까 독자도 '그럼 나도?' 하게 돼요.

# 당신이 지금 책을 써야 하는 개인적 이유

## 책이 여는 세 가지 문

"나는 왜 책을 써야 하지?"

이 질문에 대한 답은 사람마다 다릅니다. 어떤 이는 자신의 전문성을 정리하고 싶어서, 어떤 이는 퍼스널 브랜딩을 위해서, 또 어떤 이는 새로운 수익 창출을 목표로 책을 씁니다. 하지만 공통점이 있습니다. 책은 단순히 종이에 인쇄된 텍스트가 아니라, 여러분의 인생에 새로운 문을 여는 도구라는 것입니다.

책이 여는 문은 크게 세 가지입니다. 첫 번째는 전문가로서의 지위를 확립하는 문입니다. 두 번째는 새로운 기회를 만드는 문입니다. 세 번째는 자기 이해를 확장하는 문입니다. 이 세 가지 문은 서로 연결되어 있으며, 하나의 문을 열면 다음 문으로 자연스럽게 이어집니다. 여러분이 책을 쓰는 이유가 무엇이든, 이 세 가지 문은 모두에게 열려 있습니다.

## 전문가로 인식되는 힘

여러분은 이미 자신의 분야에서 충분한 경험과 지식을 가지고 있습니다. 10년, 20년을 한 분야에서 일했다면 그 자체로 전문가입니다. 하지만 세상은 여러분을 전문가로 인식하지 못합니다. 왜냐면 그 전문성이 눈에 보이는 형태로 존재하지 않기 때문입니다. 책은 바로 그 전문성을 가시화하는 가장 강력한 방법입니다.

명함에 "○○○ 저자"라고 적는 순간, 사람들의 시선이 달라집니다. 같은 말을 해도 무게감이 다릅니다. 회의에서 의견을 제시할 때, 강연에서 이야기할 때, 상담을 할 때, "제 책에서도 다뤘지만"이라는 한마디가 신뢰도를 높입니다. 책은 여러분이 그 주제에 대해 깊이 있게 고민했고, 체계적으로 정리했다는 증거가 되기 때문입니다.

이것은 단순한 인식의 문제가 아닙니다. 실제로 기회가 달라집니다. 기업 교육 담당자는 강사를 섭외할 때 책을 낸 사람을 우선합니다. 미디어는 전문가 인터뷰를 할 때 저자를 먼저 찾습니다. 컨설팅 의뢰도 마찬가지입니다. 같은 경력이라도 책을 낸 사람과 그렇지 않은 사람의 기회는 분명히 다릅니다.

더 중요한 것은 스스로에 대한 인식도 달라진다는 점입니다. 책을 쓰는 과정에서 여러분은 자신의 전문성을 더 깊이 이해하게 됩니다. 흩어져 있던 경험들이 하나의 체계로 정리되고, 막연히 알고 있던 것들이 명확한 언어로 정의됩니다. 이 과정을 거치고 나면, 여러분 스스로도 자신을 전문가로 인식하게 됩니다. 그리고 그 확신은 여러분의 모든 활동에 영향을 미칩니다.

저는 지난 1년간 AI 최강작가 프로그램을 운영하며 96.2%에 가까운 성공률로 수강생들이 작가가 되는 과정을 직접 지켜봤습니다. 그중 한 분은 25년간 대기업 구매팀에서 일해온 50대 중반의 직장인이었습니다. 평생 B2B 협상 현장에서 쌓아온 노하우를《협상의 기술: 구매 담당자가 말하지 않는 33가지 진실》이라는 책으로 정리했습니다. 책을 출간한 뒤 조달청 강사로 활동하게 되었고, 현재는 중소기업 컨설팅과 온라인 강의로 퇴직 후 제2의 커리어를 준비하고 있습니다. 책이 그의 암묵지를 형식지로 전환시켰고, 전문가로서의 지위를 만들어준 것입니다.

또 다른 사례는 더욱 극적입니다. 40대 초반의 한 소방관은 20년간 화재 현장에서 겪은 실제 사건들을 바탕으로《불 속의 인간학: 소방관이 본 생과 사의 경계》라는 제목의 에세이를 냈습니다. 현장의 생생한 이야기와 철학적 성찰이 담긴 이 책은 SNS에서 입소문을 타며 6개월 만에 5,000부가 판매되었습니다. 이후 그는 안전교육 강사로 활동하며 소방 안전 콘텐츠 크리에이터로 변신했습니다. 책 한 권이 평범한 소방관을 사회적 메신저로 만들어준 것입니다.

## 책이 만드는 새로운 기회

책은 여러분이 예상하지 못한 기회를 만들어냅니다. 출간 전에는 상상하지 못했던 일들이 책 출간 이후에 현실이 됩니다. 강연 요청, 컨설팅 의뢰, 미디어 인터뷰, 협업 제안 등 다양한 기회가 찾아옵니다. 책 한 권이 여러분의 네트워크를 확장하고, 경력에 새로운 전환점을 만들어주는 것입니다.

강연은 가장 직접적인 기회입니다. 책을 낸 저자라는 것만으로도 강연 의뢰가 들어옵니다. 기업 교육, 공공기관 특강, 대학 초청 강연 등 다양한 형태의 강연 기회가 생깁니다. 강연료는 책에서 직접 얻는 인세보다 훨씬 큰 수익이 될 수 있습니다. 한 번의 강연으로 수십만 원에서 수백만 원까지 받을 수 있고, 이것이 정기적으로 이어지면 안정적인 수익원이 됩니다.

컨설팅 기회도 늘어납니다. 책을 읽은 독자들이 직접 여러분에게 연락합니다.

"책에서 다룬 내용을 우리 회사에 적용하고 싶은데 도와줄 수 있나요?"

이런 문의가 들어옵니다. 책이 일종의 포트폴리오 역할을 하는 것입니다. 여러분의 전문성을 미리 검증받은 상태에서 컨설팅이 시작되므로, 신뢰 구축 단계를 건너뛸 수 있습니다.

온라인 강의나 멤버십 서비스로 확장할 수도 있습니다. 책을 기반으로 더 깊이 있는 콘텐츠를 온라인 플랫폼에서 제공하는 것입니다. 클래스101, 탈잉, 자체 플랫폼 등을 통해 책의 내용을 확장한 강의를 판매할 수 있습니다. 책이 입문서 역할을 하고, 온라인 강의가 심화 과정이 되는 구조입니다. 이렇게 되면 책 한 권이 하나의 비즈니스 생태계를 만들어냅니다.

미디어 노출도 달라집니다. 신문, 잡지, 팟캐스트, 유튜브 등 다양한 미디어에서 저자 인터뷰를 요청합니다. 특히 여러분의 책이 다루는 주제가 시의성 있는 이슈와 맞물리면, 언론의 관심은 더욱 커집니다. 한 번의 언론 노출은 또 다른 노출로 이어지고, 이것이 반복되면 여러분은 해당 분야의 대표 전문가로 자리 잡게 됩니다.

## 자기 이해의 확장

———

책을 쓰는 과정은 단순히 지식을 전달하는 것 이상의 의미를 가집니다. 그것은 자기 이해를 확장하는 여정입니다. 20년간 쌓아온 경험을 글로 정리하다 보면, 여러분은 자신도 몰랐던 자신의 모습을 발견하게 됩니다. '내가 이렇게 생각하고 있었구나.', '이 경험들이 이런 패턴으로 연결되는구나.' 같은 깨달음이 찾아옵니다.

글을 쓴다는 것은 생각을 명확하게 만드는 과정입니다. 머릿속에서 막연히 떠돌던 생각들이 문장이 되는 순간, 그 생각은 구체적이고 정확해집니다. "나는 이것에 대해 이렇게 생각한다"라는 선언은 스스로를 더 잘 이해하게 만듭니다. 책을 완성한 사람들이 공통적으로 하는 말이 있습니다.

"책을 쓰면서 나 자신을 더 잘 알게 되었다."

특히 자신의 인생 경험을 담은 책을 쓸 때, 이 효과는 더욱 강력합니다. 어떤 결정을 왜 내렸는지, 어떤 실패에서 무엇을 배웠는지, 지금의 나를 만든 중요한 순간들은 무엇이었는지 돌아보는 과정은 치유이자 성장입니다. 책을 쓰면서 과거를 정리하고, 현재를 이해하고, 미래를 설계하게 됩니다.

이런 자기 이해의 확장은 여러분의 삶 전체에 영향을 미칩니다. 자신이 무엇을 중요하게 여기는지 명확해지면, 의사결정이 빨라집니다. 자신의 강점과 약점을 정확히 알면, 더 효과적으로 일할 수 있습니다. 자신의 가치관이 분명해지면, 흔들리지 않고 방향을 유지할 수 있습니다. 책은 단순히 독자에게 읽히는 것이 아니라, 쓰는 사람 자신을 변화시키는 도구입니다.

## 지금 시작해야 하는 이유, 그리고 당신만의 이유

'언젠가는 책을 써야지'라고 생각하는 것과 '지금 책을 쓰겠다'라고 결정하는 것은 완전히 다릅니다. 많은 사람이 전자의 상태에 머물러 있습니다. 시간이 나면, 여유가 생기면, 준비가 더 되면 쓰겠다고 미룹니다. 하지만 그 '언젠가'는 오지 않습니다.

지금 시작해야 하는 이유는 명확합니다. 첫째, 여러분이 가진 경험과 지식은 지금 이 순간에도 가치가 있습니다. 1년 후, 2년 후로 미룬다고 해서 더 좋은 책이 나오는 것이 아닙니다. 오히려 지금의 생생한 경험과 감정이 담긴 책이 더 진정성 있게 독자에게 전달됩니다.

둘째, 책을 통해 얻는 기회는 시간이 지날수록 복리로 증가합니다. 1년 먼저 책을 낸 사람은 그만큼 먼저 기회를 얻고, 그 기회는 다시 새로운 기회를 만들어냅니다. 강연이 컨설팅으로, 컨설팅이 또 다른 책으로 이어지는 선순환 구조가 만들어집니다. 시작을 미루는 것은 이 모든 기회를 미루는 것입니다.

셋째, AI와 함께라면 지금 당장 시작할 수 있습니다. 과거처럼 혼자서 몇 년을 준비할 필요가 없습니다. 3주면 초고를 완성할 수 있고, 2~3개월이면 출간까지 갈 수 있습니다. 기술이 여러분을 기다리고 있고, 플랫폼이 열려 있고, 독자가 여러분의 이야기를 기다리고 있습니다.

넷째, 경쟁자는 계속 늘어나고 있습니다. 책쓰기의 진입 장벽이 낮아지면서, 여러분과 같은 분야의 다른 전문가들도 책을 쓰기 시작했습니다. 먼저 책을 낸 사람이 해당 분야의 대표 저자로 자리 잡습니다. 같은 주제라도 먼저 나온 책이 더 많은 주목을 받고, 더 많은 기회를 얻습니다. 지금 시작하지 않으면, 여러분의 자리를 다른 누군가가 차지하게 될 것입니다.

지금까지 책을 써야 하는 일반적인 이유들을 살펴봤습니다. 하지만 가장 중요한 것은 여러분만의 이유를 찾는 것입니다. 퍼스널 브랜딩이든, 수익 창출이든, 자기 정리든, 무엇이든 좋습니다. 여러분의 가슴을 뛰게 만드는 그 이유가 무엇인지 스스로에게 물어보세요.

그 이유가 명확해지면, 책쓰기는 의무가 아니라 열정이 됩니다. 시간을 내기 어렵다는 핑계는 사라지고, 어떻게든 시간을 만들게 됩니다. 막막함도 줄어듭니다. 왜 쓰는지 알면, 무엇을 쓸지도 분명해지기 때문입니다.

다음 장부터는 본격적으로 책을 쓰는 방법을 다룹니다. 주제를 어떻게 발굴하고, 목차를 어떻게 구성하고, 초고를 어떻게 완성하는지 단계별로 살펴보겠습니다. 여러분이 지금 이 순간 '나도 책을 쓰겠다'라고 결심했다면, 이제 그 결심을 현실로 만들 시간입니다.

책 쓰면 뭐가 좋은지 설명해야 하는데,
"브랜딩에 좋다"는 너무 많이 들은 말이잖아.

대표님 본인 경험으로 얘기하면 달라요.

책 내고 나서 실제로 달라진 게 뭐예요?

강연 요청이 늘었고, '책 쓴 사람'으로 소개되니까
신뢰도가 확 달라지더라. 미팅 분위기도 다르고.

그걸 그대로 쓰면 됩니다.

"책을 내고 나서 미팅 분위기가 달라졌습니다.
'황성진 대표'가 아니라 《OO》 저자 황성진'으로 소개되는
순간, 상대방의 눈빛이 바뀌는 걸 느꼈습니다."

…중략…

추상적인 '브랜딩'보다 구체적인 장면이 와닿아요.

# 뭘 써야 할지
# 모르겠어요

## 2장

"쓰고 싶은 이야기는 있는데, 어디서부터 시작해야 할지 모르겠어요."
이 말을 정말 많이 듣습니다. 문제는 주제가 없는 게 아닙니다. 머릿속에서
정리가 안 된 것뿐입니다. 2장에서는 AI와 대화하며 주제를 발굴하고, 주
제 선언문으로 방향을 잡고, 독자를 정의하는 과정을 안내합니다. 그리고
마지막에는 이 모든 과정을 관통하는 STORIES 프레임워크를 처음으로
소개합니다.

# 말하면 보인다,
# 대화 기반 주제 발굴

## 주제가 없는 게 아니라 정리가 안 된 것뿐입니다

———

"저도 책 한 권 쓰고 싶어요."

저는 이 말을 정말 많이 듣습니다. 그런데 대화를 조금만 더 이어가면 곧바로 이런 고백이 나옵니다.

"근데 뭘 써야 할지 모르겠어요."

주제가 없는 게 아닙니다. 오히려 쓰고 싶은 이야기가 너무 많습니다. 문제는 그 이야기들이 머릿속에서 정리되지 않은 채 뒤섞여 있다는 것입니다. 어디서부터 시작해야 할지, 어떤 순서로 풀어야 할지 감이 잡히지 않습니다. 그래서 결국 '나는 쓸 게 없나 봐'라는 결론에 이르게 됩니다.

하지만 저는 확신합니다. 여러분은 이미 책 한 권 분량의 경험과 생각을 가지고 있습니다. 다만 그것을 글로 옮기는 방법을 몰랐을 뿐입니다. 글쓰기가 어려운 이유는 처음부터 완성된 문장을 만들어야 한다는 강박 때문입니다. 하지만 생각을 정리하는 가장 자연스러운 방식은 말하기입니다. 말로 풀어내면 생각이 선명해집니다. 그리고 AI는 그 흩어진 말들을 구조로 만들어줄 수 있습니다.

## 말하기와 AI 대화가 주제를 찾아줍니다

———

왜 말하기는 쉽고 글쓰기는 어려울까요? 말할 때는 상대방이 있습니다. 상대방의 반응을 보면서 이야기를 조정하고, 질문을 받으면 답하며, 자연스럽게 생각을 정리해나갑니다. 하지만 글을 쓸 때는 혼자입니다. 빈 화면 앞에서 완벽한 문장을 만들어야 한다는 압박감이 생깁니다. 첫 문장이 마음에 들지 않으면 지우고, 다시 쓰고, 또 지웁니다. 이 과정에서 많은 사람이 지쳐서 포기합니다.

저는 실제 집필 과정을 함께한 분들을 보면서 하나를 확신하게 됐습니다. 그들이 성공한 이유는 단 하나였습니다. 처음부터 글을 쓰려 하지 않았다는 것입니다. 대신 AI와 대화했습니다. AI는 그들의 말을 듣고, 질문하고, 핵심을 정리해줬습니다. 마치 대화 상대가 있는 것처럼 자연스럽게 이야기를 풀어낼 수 있었습니다. 여러분은 완벽한 문장을 만들 필요가 없습니다. 생각나는 대로 말하면 됩니다. AI는 그 말들 속에서 패턴을 찾아내고, 핵심을 추출하고, 구조를 제안합니다.

## 자유 발화에서 구조가 만들어집니다

주제를 찾는 가장 좋은 방법은 자유롭게 말하는 것입니다. AI에게 이렇게 질문해보세요.

"나는 어떤 책을 쓸 수 있을까?"

그리고 떠오르는 생각을 그대로 쏟아내세요. 정리되지 않아도 괜찮습니다. 문장이 매끄럽지 않아도 괜찮습니다. 중요한 것은 여러분의 경험, 관심사, 고민, 전문성을 있는 그대로 말하는 것입니다.

예를 들어 이렇게 말할 수 있습니다.

"저는 20년간 회사를 다녔어요. 그동안 수많은 프로젝트를 진행했고, 실패도 많이 겪었어요. 특히 팀을 이끄는 과정에서 배운 게 많은데, 후배들에게 이걸 어떻게 전달해야 할지 고민입니다. 요즘은 리더십에 대한 생각이 많이 바뀌었거든요. 과거처럼 지시하고 통제하는 방식은 더 이상 통하지 않아요. 그런데 이걸 어떻게 책으로 풀어야 할지 막막해요."

이 정도면 충분합니다. AI는 이 말 속에서 핵심을 찾아냅니다.

'20년 경험', '리더십 변화', '후배 전달', '실패 경험'이라는 키워드들이 보입니다.

그리고 AI는 질문을 던집니다.

"어떤 실패 경험이 가장 기억에 남나요?"

"후배들에게 가장 강조하고 싶은 리더십 원칙은 무엇인가요?"

이런 질문에 답하다 보면 주제가 점점 선명해집니다.

AI의 강점은 여러분이 흩어지게 말한 내용 속에서 패턴을 발견하는 능력입니다. 여러분은 A 이야기를 하다가 갑자기 B 이야기로 넘어가고, 다시 C 이야기를 꺼냅니다. 하지만 AI는 이 모든 이야기를 듣고 공통점을 찾아냅니다.

"이 세 가지 이야기는 모두 '소통의 중요성'에 대한 것이네요"라고 정리해줍니다. 여러분 스스로는 깨닫지 못했던 연결고리를 AI가 발견해주는 것입니다.

## 질문이 결과를 바꿉니다

같은 AI를 쓰는데 왜 누군가는 탁월한 주제를 발굴하고, 누군가는 평범한 아이디어에 머무를까요? 도구는 똑같습니다. 차이는 질문에 있습니다.

AI 최강작가 클래스에 같은 주제로 시작한 두 분이 계셨습니다. 둘 다 '직장인을 위한 시간 관리'라는 주제를 선택했습니다.

A 님은 이렇게 질문했습니다.

"직장인 시간 관리 방법 10가지 알려줘."

AI는 성실하게 답했습니다. 우선순위 설정, 투 두 리스트(to do list) 작성, 아침 루틴 만들기…. 인터넷 어디서나 볼 수 있는 내용이었습니다.

B 님은 달랐습니다.

"30대 워킹맘이 퇴근 후 부업을 준비하면서도 아이와의 시간을 잃지 않으려면, 하루를 어떻게 설계해야 할까? 에너지 레벨을 고려한 시간대별 활동 배치와 구체적인 일과표 예시를 알려줘."

AI는 훨씬 구체적으로 답했습니다. B 님은 그 답을 기반으로 질문을 계속 이어갔습니다.

"에너지가 낮은 저녁 시간에는 어떻게 해야 할까?"

"가족이 이해하지 못할 때는?"

"3개월 후 번아웃이 온다면?"

21일이 지났을 때, 두 분의 책은 완전히 달랐습니다. A 님의 책은 정보의 나열이었습니다. B 님의 책은 독자가 자신의 상황에 바로 적용할 수 있는 맞춤형 솔루션이었습니다.

같은 AI를 썼지만, 질문이 달랐습니다. 질문이 달랐기에, 주제의 깊이가 달랐습니다. 주제의 깊이가 달랐기에, 책의 가치가 달랐습니다.

## 질문을 바꾸면 주제가 달라집니다

저도 이 교훈을 직접 경험했습니다. AI 최강작가 프로그램을 운영하면서 늘 같은 고민을 했습니다.

'어떻게 하면 수강생들이 더 빨리 책을 완성할 수 있을까?'

더 좋은 AI 도구를 알려드려야 하나? 템플릿을 더 정교하게 만들어야 하나? 강의 시간을 늘려야 하나? 저는 '속도'에 집착했습니다.

그런데 이상했습니다. 분명히 같은 커리큘럼을 들었는데, 어떤 분은 2주 만에 초고를 완성하고, 어떤 분은 한 달이 지나도 첫 장조차 시작하지 못했습니다. 도구의 문제가 아니었습니다.

어느 날, AI에게 물었습니다.

"나는 계속 '어떻게 더 빨리 쓰게 할까'를 고민하고 있어. 그런데 이 질문이 맞는 걸까?" AI가 되물었습니다.

"그렇다면 수강생들은 왜 책을 쓰고 싶어 하는 걸까요?"

순간 멈칫했습니다. 저는 '어떻게'만 물었지, '왜'를 묻지 않았습니다.

질문이 바뀌자, 전혀 다른 풍경이 보이기 시작했습니다. 글이 안 써지는 진짜 이유는 속도가 아니라 구조였습니다. 수강생들은 글을 쓰는 구조가 없었던 것입니다. 그래서 저는 방향을 틀었습니다. '더 빠른 도구'가 아니라 '더 명확한 구조'를 제공하기로 했습니다. 주제를 발굴하고, 목차를 설계하고, 초고를 기획하는 단계를 세분화했습니다. 그러자 변화가 일어났습니다.

여러분도 주제를 찾을 때 질문을 바꿔보세요.

"어떤 책을 쓸까?"라는 막연한 질문 대신, 이렇게 물어보세요.

"왜 이 책을 쓰고 싶은가?"

"누가 이 책을 읽어야 하는가?"

"독자가 이 책을 읽고 나서 무엇이 달라지는가?"

질문이 달라지면 주제가 달라집니다.


## 지금 바로 AI와 대화를 시작하세요

———

이제 실전입니다. AI와 대화를 시작할 때 이렇게 접근해보세요. 먼저 여러분의 배경을 간단히 소개합니다.

"저는 10년간 마케팅 일을 했고, 특히 소셜미디어 마케팅에 관심이 많습니다."

그다음 고민을 털어놓습니다.

"책을 쓰고 싶은데 어떤 관점에서 접근해야 할지 모르겠어요."

그리고 AI에게 질문을 요청합니다.

"제가 책을 쓴다면 어떤 주제가 좋을까요? 질문을 던져주세요."

AI는 여러분의 배경을 바탕으로 질문을 시작합니다.

"소셜미디어 마케팅에서 가장 많이 겪는 실수는 무엇인가요?"

"10년 동안 가장 효과적이었던 전략은 무엇인가요?"

"만약 초보자에게 한 가지만 조언한다면 무엇을 말하고 싶으세요?"

이런 질문에 답하면서 여러분은 자신이 가진 전문성의 핵심을 발견하게 됩니다.

대화는 한 번에 끝나지 않습니다. 여러 번 나눠서 진행해도 괜찮습니다. 첫 대화에서는 큰 그림을 그리고, 두 번째 대화에서는 구체적인 경험을 나누고, 세 번째 대화에서는 독자층을 정의합니다. 이렇게 단계적으로 접근하면 주제는 점점 명확해집니다.

중요한 것은 완벽함이 아니라 시작입니다. 일단 AI와 대화를 시작하세요. 그리고 질문을 바꿔보세요. 그러면 주제는 저절로 보입니다.

에이미, 나 책을 쓰고 싶어.
근데 주제가 너무 많아서 뭘 써야 할지 모르겠어.
AI 활용법? 1인 기업 브랜딩? 커뮤니티 운영?

대표님, 주제가 많다는 건 좋은 신호예요.
몇 가지 질문으로 좁혀볼게요.

1. 최근 1년간 가장 에너지를 쏟은 일은 뭐예요?
2. 그 일에서 가장 뿌듯했던 순간은요?
3. 사람들이 대표님한테 가장 많이 묻는 질문은 뭐예요?

1. AI 최강작가 프로그램 운영이지. 벌써 5기까지 했어.
2. 161명이 참여했는데 155명이 책을 완성했을 때. 96.2% 성공률.
3. "저도 책 쓸 수 있을까요?" 이 질문을 제일 많이 받아.

정리해볼게요.

대표님이 가장 에너지를 쏟은 일: AI로 책쓰기 교육
가장 뿌듯한 순간: 96.2%가 실제로 책을 완성
가장 많이 받는 질문: "나도 할 수 있을까?"

…중략…

이걸 연결하면 주제가 보여요.

"AI와 함께라면 누구나 책을 쓸 수 있다."

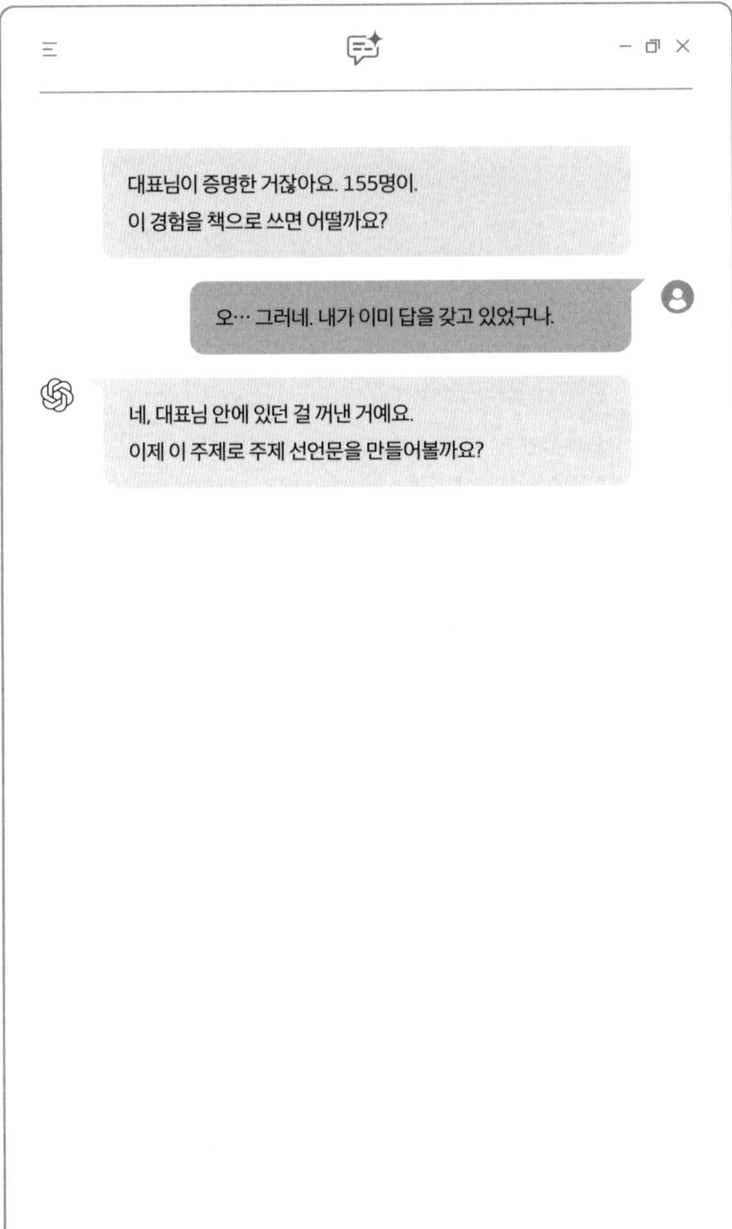

대표님이 증명한 거잖아요. 155명이.
이 경험을 책으로 쓰면 어떨까요?
오… 그러네. 내가 이미 답을 갖고 있었구나.
네, 대표님 안에 있던 걸 꺼낸 거예요.
이제 이 주제로 주제 선언문을 만들어볼까요?

# 주제 선언문
# 만들기

## 주제 선언문이 책의 중심을 잡아줍니다

AI와 대화를 통해 주제를 발굴했다면 이제 그것을 정리할 차례입니다. 많은 분이 이 단계에서 다시 막막함을 느낍니다. 머릿속에는 쓰고 싶은 이야기가 가득한데, 그것을 어떻게 하나의 문장으로, 하나의 방향으로 정리해야 할지 모르겠다는 것입니다. 이럴 때 필요한 것이 바로 주제 선언문입니다.

주제 선언문은 여러분이 쓰려는 책의 본질을 한눈에 보여주는 문서입니다. 이 책은 누구를 위한 책인가, 어떤 문제를 해결하는가, 독자에게 어떤 가치를 제공하는가를 명확하게 정리합니다. 주제 선언문이 있으면 집필 과정에서 방향을 잃지 않습니다. 한 부분을 쓰다가 '이게 맞나?'라는 의심이 들 때, 주제 선언문으로 돌아가면 답을 찾을 수 있습니다. 저는 수많은 사람과 함께 책을 쓰는 과정에서 이것을 확신하게 됐습니다. 주제 선언문을 명확하게 만든 사람은 완주했고, 그렇지 않은 사람은 중간에 흔들렸습니다.

## 주제 선언문의 핵심 구성 요소

주제 선언문은 복잡하지 않습니다. 크게 네 가지 요소로 구성됩니다.

첫째, 독자는 누구인가?

둘째, 독자가 겪는 문제는 무엇인가?

셋째, 이 책이 제공하는 해결책은 무엇인가?

넷째, 독자가 이 책을 읽고 나면 어떤 상태가 되는가?

이 네 가지만 명확하게 정리하면 주제 선언문은 완성됩니다.

제가 이 책을 쓸 때 만든 주제 선언문을 예시로 보여드리겠습니다. 먼저 독자를 정의했습니다.

"책을 쓰고 싶지만 막막함, 두려움, 시간 부족으로 시작을 미뤄온 사람들. 퍼스널 브랜딩이 필요한 전문가와 CEO, 20~30년 쌓은 전문성을 책으로 정리하고 싶은 직장인, 인생을 기록하고 싶은 시니어 독자층."

이렇게 구체적으로 독자를 그렸습니다.

다음은 문제를 정의했습니다. 이들이 공통적으로 겪는 질문들입니다.

"어떻게 시작해야 하지?"

"내가 과연 쓸 수 있을까?"

"전문가가 아니어도 될까?"

이런 질문들이 바로 독자가 겪는 진짜 문제입니다. 그리고 해결책을 제시했습니다.

"AI 기반 대화형 글쓰기 방식으로 해결합니다."

마지막으로 독자가 얻게 될 결과를 명시했습니다.

"AI를 진짜 글쓰기 파트너로 활용하는 실전 프로세스를 배우고, 자신의 경험을 책의 언어로 재구성하는 기술을 익히며, 퍼스널 브랜딩과 수익화 기회를 창출할 수 있습니다."

이렇게 네 가지 요소가 모두 담기면 주제 선언문은 완성됩니다. 길 필요가 없습니다. 핵심만 담으면 됩니다. 하지만 그 핵심이 구체적이어야 합니다.

## 문제의식이 책의 방향을 결정합니다

주제 선언문에서 가장 중요한 것은 문제의식입니다. 독자가 어떤 문제를 겪고 있는지 명확하게 정의해야 합니다. 문제가 구체적일수록 해결책도 명확해집니다.

"책쓰기가 어렵다"는 너무 추상적입니다. 다음과 같이 구체적으로 정의해야 합니다.

"시간이 없어서 책을 못 쓴다."

"어디서부터 시작해야 할지 모르겠다."

"글을 쓰면 재미없어진다."

문제를 구체화하는 방법은 독자의 말을 직접 들어보는 것입니다. 만약 여러분이 마케팅 책을 쓴다면 실제 마케터들이 어떤 고민을 하는지 대화해보세요.

"광고비를 어떻게 효율적으로 쓸까?"

"데이터를 봐도 인사이트가 안 보인다."

"상사를 설득할 수 있는 보고서를 어떻게 만들까?"

이런 구체적인 문제들이 나옵니다. 이런 문제들을 주제 선언문에 담으면 책의 방향이 선명해집니다.

## 해결 시나리오가 독자를 움직입니다

———

문제를 정의했으면 이제 해결책을 제시해야 합니다. 여기서 중요한 것은 추상적인 원칙이 아니라 구체적인 시나리오입니다.

"이 책을 읽으면 마케팅을 잘할 수 있습니다."

이 문장은 와닿지 않습니다. 그 대신 이렇게 쓰면 어떨까요?

"이 책은 제한된 예산으로 최대 효과를 내는 3가지 마케팅 전략을 제시합니다. 독자는 실전 사례를 통해 자신의 상황에 맞는 전략을 선택하고, 바로 적용할 수 있습니다."

이렇게 구체적으로 쓰세요.

해결 시나리오를 만들 때는 독자가 책을 읽고 난 뒤의 모습을 상상해보세요.

독자는 무엇을 할 수 있게 되는가?

어떤 변화를 경험하는가?

어떤 결과를 얻는가?

이것을 명확하게 그려야 합니다.

저는 이 책의 주제 선언문에서 이렇게 썼습니다.

"독자는 AI를 도구가 아닌 진짜 글쓰기 파트너로 활용하는 실전 프로세스를 배우고, 자신의 경험과 전문성을 책의 언어로 재구성하는 기술을 익히며, 책을 통한 퍼스널 브랜딩과 수익화 기회를 창출할 수 있습니다.”

“AI를 활용한다”라는 추상적 표현을 “진짜 글쓰기 파트너로 활용하는 실전 프로세스”로 구체화했습니다.

“책을 쓴다”는 막연한 목표를 “경험을 책의 언어로 재구성하는 기술”로 명확히 했습니다.

그리고 최종 결과를 “퍼스널 브랜딩과 수익화 기회”라는 실질적 성과로 제시했습니다. 이렇게 구체적으로 쓰면 독자는 이 책을 읽어야 할 이유를 찾게 됩니다.

주제 선언문에는 차별화 포인트도 담아야 합니다. 기존 책들과 무엇이 다른가, 왜 이 책을 읽어야 하는가를 명확히 해야 합니다. 저는 다음에 나오는 몇 가지를 차별화 요소로 제시했습니다.

“질문 → 대화 → 정리가 가능해지는 AI 대화형 글쓰기 시스템”

“대질원, 맥락 메모리, 개인화 프롬프트 등 AI 협업 기술의 실전 적용”

“전문직, 시니어, 1인 기업가 등 독자 유형별 맞춤 시나리오”

이런 구체적인 차별점이 있어야 독자들이 ‘이 책이 다르구나’라고 느낍니다.

## AI로 주제 선언문을 다듬는 방법

주제 선언문을 처음부터 완벽하게 쓸 수 있는 사람은 없습니다. 초 안을 만들고, AI와 함께 다듬어가는 과정이 필요합니다. AI에게 여 러분이 작성한 주제 선언문을 보여주고 이렇게 요청하세요.

"이 주제 선언문을 읽고 명확하지 않은 부분을 지적해줘. 독자가 누구인지, 문제가 무엇인지, 해결책이 구체적인지 검토해줘."

AI는 여러분이 놓친 부분을 찾아냅니다.

"독자층이 너무 넓습니다. 20대부터 60대까지를 모두 타깃으로 하면 메시지가 흐려집니다."

"문제가 추상적입니다. '책쓰기가 어렵다'보다는 '시작을 못 한 다'처럼 구체화하세요."

"해결책에 방법론이 빠져 있습니다. AI를 어떻게 활용하는지 구 체적으로 명시하세요."

이런 피드백을 받으면 주제 선언문은 점점 명확해집니다.

주제 선언문은 한 번에 완성되지 않습니다. 여러 번 수정하면서 다듬어집니다. 처음에는 A4 한 장 분량으로 시작해도 괜찮습니다. 그것을 반 페이지로 줄이고, 다시 핵심만 남깁니다. 최종적으로는 한눈에 파악할 수 있을 정도로 간결해져야 합니다. 이 과정을 AI와 함께하면 훨씬 빠르고 정확하게 완성할 수 있습니다. AI는 여러분

의 주제 선언문을 객관적으로 평가하고, 개선점을 제시하며, 더 나

은 표현을 제안합니다. 이것이 AI와 함께하는 주제 선언문 작성의

장점입니다.

주제는 정해졌어.
"AI와 함께라면 누구나 책을 쓸 수 있다"
이걸 주제 선언문으로 다듬어줘.

주제 선언문을 만들려면 몇 가지 더 정리해야 해요.

이 책을 읽을 사람은 누구예요?
그 사람이 이 책을 덮을 때 어떤 상태가 되면 좋겠어요?



책 쓰고 싶은데 막막해서 못 시작한 사람들.
책 덮을 때 '나도 할 수 있겠다, 시작해보자.'
이런 마음이 들면 좋겠어.

그러면 주제 선언문은 이렇게 됩니다.

• 제목: 작가 시대
• 부제: AI와 함께라면 누구나 책을 쓸 수 있다

• 독자: 책을 쓰고 싶지만 막막함과 두려움으로 시작을 미뤄
  온 사람들

• 핵심 약속: 이 책을 덮는 순간,
  '나도 할 수 있다'라는 확신과 함께 첫 문장을 쓰게 된다

…중략…

이 주제 선언문을 기준으로 목차를 짜면 방향을 잃지 않아요.

# 독자가 결정되면
# 책의 방향이 바뀐다

## 같은 주제라도 독자에 따라 완전히 다른 책이 됩니다

주제를 정했다고 해서 책의 방향이 정해지는 것은 아닙니다. 같은 주제라도 누구를 위해 쓰느냐에 따라 책의 내용, 깊이, 문체, 구성이 완전히 달라집니다. '리더십'이라는 주제로 책을 쓴다고 가정해 보겠습니다. 독자가 20대 신입사원이라면 어떻게 팀에 적응하고 첫 리더십 경험을 쌓을지 다룰 것입니다. 하지만 독자가 임원급이라면 조직 문화를 바꾸고 전략적 의사결정을 내리는 방법을 다뤄야 합니다. 같은 리더십을 다루더라도 완전히 다른 책입니다.

많은 분이 '모두를 위한 책'을 쓰려고 합니다. 20대부터 60대까지, 신입부터 임원까지 모두에게 도움이 되는 책을 만들고 싶어 합니다. 하지만 이것은 착각입니다. 모두를 위한 책은 결국 누구에게도 와닿지 않는 책이 됩니다. 메시지가 두루뭉술해지고, 구체성이 사라지며, 독자는 '이건 내 이야기가 아니네'라고 느낍니다. 책이 힘을 갖기 위해서는 독자를 명확하게 정의해야 합니다.

## 책은 독자 한 명과의 대화입니다

책을 쓸 때 가장 중요한 원칙이 하나 있습니다. 책은 독자 한 명과의 대화라는 것입니다. 여러분이 누군가와 진지한 대화를 나눈다고 상상해보세요. 불특정 다수에게 말하는 것과 눈앞의 한 사람에게 말하는 것, 어느 쪽이 더 진심이 담길까요? 당연히 후자입니다. 한 사람의 눈을 보며 그 사람의 고민에 귀 기울이고, 그 사람이 필요로 하는 답을 찾아주려 할 때 진정한 소통이 일어납니다.

책도 마찬가지입니다. 독자 한 명을 명확히 떠올리고 그 사람에게 말하듯 쓰세요. "여러분"이라고 쓰더라도 마음속으로는 단 한 사람을 향해 말하는 것입니다. 그러면 놀라운 일이 벌어집니다. 한 사람을 위해 쓴 책이 오히려 더 많은 사람에게 닿습니다. 왜 그럴까요? 구체적이기 때문입니다. 한 사람의 구체적인 문제를 다루면 비슷한 상황에 있는 수많은 사람이 '이건 내 이야기야'라고 느낍니다.

반대로 모두를 만족시키려고 쓴 책은 아무도 만족시키지 못합니다. "리더십이 중요합니다", "소통을 잘해야 합니다", "목표를 명확히 하세요" 같은 당연한 이야기만 반복하게 됩니다. 하지만 "5년 차팀장으로서 처음 후배를 채용했을 때 제가 저지른 실수는…"처럼 구체적으로 쓰면 독자는 집중합니다. 자신의 상황과 겹치기 때문입니다. 한 명을 위해 쓰되 깊이 있게 쓰세요. 그러면 그 한 명과 비슷한 수많은 사람이 여러분의 책을 찾게 됩니다.

## 독자를 구체적으로 그려야 하는 이유

———

독자를 정의할 때 '직장인'이나 '학생'처럼 추상적으로 그려서는 안됩니다. 더 구체적으로 들어가야 합니다. 나이, 직업, 경력, 고민, 현재 상황까지 세밀하게 그려야 합니다. 예를 들어 "30대 중반, IT 기업 팀장, 5년 차, 팀원 관리에 어려움을 겪고 있으며, 승진을 앞두고 리더십 역량을 키우고 싶어 하는 사람"처럼 말입니다. 이렇게 구체적으로 그리면 어떤 내용을 담아야 할지, 어떤 사례를 들어야 할지, 어떤 톤으로 말해야 할지가 명확해집니다.

독자를 구체화하는 가장 좋은 방법은 실제 사람을 떠올리는 것입니다. 여러분 주변에 이 책을 읽으면 도움이 될 만한 사람이 있습니까? 그 사람의 얼굴을 떠올려보세요. 그 사람이 어떤 고민을 하고 있는지, 무엇을 궁금해하는지, 어떤 도움이 필요한지 생각해보세요. 그리고 그 사람에게 말하듯이 책을 쓰세요. 이렇게 하면 책은 자연스럽게 구체적이고 진정성 있는 내용으로 채워집니다.

## 독자 유형별로 달라지는 책의 전략

———

독자 유형에 따라 책의 전략은 완전히 달라집니다. 이 책의 몇 가지 대표적인 독자 유형과 그에 맞는 책쓰기 전략을 살펴보겠습니다.

첫 번째는 전문가와 CEO입니다. 이들은 자신의 전문성을 바탕으로 퍼스널 브랜딩을 하고 싶어 합니다. 책은 그들의 전문성을 증명하는 도구입니다. 이런 독자를 위한 책은 깊이가 있어야 하고, 실전 경험이 담겨야 하며, 차별화된 관점을 제시해야 합니다. 문체는 신뢰감을 주는 전문적인 톤이 적합합니다. 사례는 실제 프로젝트나 비즈니스 경험을 바탕으로 해야 합니다.

두 번째는 20~30년 경력의 직장인입니다. 이들은 오랜 시간 쌓아온 전문성을 정리하고 싶어 합니다. 퇴직을 앞두고 자신의 경험을 기록으로 남기고 싶거나, 후배들에게 노하우를 전달하고 싶어 합니다. 이런 독자를 위한 책은 실무 중심이어야 합니다. 이론보다는 현장에서 부딪히며 배운 것들, 시행착오를 통해 얻은 교훈, 후배들이 꼭 알아야 할 핵심 포인트를 담아야 합니다. 문체는 선배가 후

배에게 조언하는 듯한 따뜻하고 진솔한 톤이 좋습니다.

세 번째는 시니어 독자층입니다. 이들은 자신의 인생을 기록하고 싶어 합니다. 가족에게 물려줄 이야기, 살아온 시간의 의미, 후세에 전하고 싶은 가치관을 책으로 남기고 싶어 합니다. 이런 독자를 위한 책은 이야기 중심이어야 합니다. 사건을 나열하는 것이 아니라 그 안에 담긴 감정과 깨달음을 담아야 합니다. 문체는 회고적이고 성찰적인 톤이 적합합니다. 구성은 시간 순서보다는 주제별로 묶어 의미를 부각시키는 방식이 효과적입니다.

## 독자의 질문이 책의 내용을 결정합니다

———

독자를 정의했다면 이제 그들이 던질 질문을 상상해보세요. 독자는 이 책을 읽으면서 무엇을 궁금해할까요? 어떤 문제의 답을 찾고 싶어 할까요? 이 질문들이 바로 책의 내용이 됩니다. 장 하나하나가 독자의 질문에 대한 답이어야 합니다. 독자 한 명과 대화한다고 생각하면 이 질문들이 자연스럽게 떠오릅니다.

예를 들어 여러분이 창업 관련 책을 쓴다고 가정해보겠습니다. 독자가 초보 창업자라면 이런 질문을 할 것입니다.

"어떻게 아이디어를 찾나요?"

"자금은 어떻게 마련하나요?"

"첫 고객은 어떻게 확보하나요?"

하지만 독자가 연속 창업가라면 질문이 달라집니다.

"어떻게 조직을 확장하나요?"

"투자는 언제 받아야 하나요?"

"엑시트 전략은 어떻게 세우나요?"

같은 창업이라는 주제라도 독자에 따라 다뤄야 할 내용이 완전히 다릅니다.

AI에게 이렇게 요청해보세요.

"30대 직장인이 퍼스널 브랜딩 책을 읽는다면 어떤 질문을 할까?"

AI는 독자의 관점에서 다양한 질문을 생성해줍니다. 이 질문들을 모으면 여러분이 다뤄야 할 내용의 윤곽이 그려집니다. 그리고 각 질문에 대한 답을 AI와 대화하며 풀어가면 책의 내용이 채워집니다. 독자 한 명과의 대화라는 관점으로 접근하면 책쓰기가 훨씬 쉬워집니다. 예를 들어 막연히 '리더십 책'을 쓰는 것이 아니라 '5년 차 팀장인 김 과장과 나누는 리더십 이야기'를 쓰는 것입니다.

## 독자를 바꾸면 책 전체가 바뀝니다

처음 설정한 독자가 맞지 않다고 느껴질 때가 있습니다. 책을 쓰다 보니 원래 생각했던 독자보다 다른 독자층에게 더 필요한 내용이라는 걸 깨닫는 경우입니다. 이럴 때는 과감하게 독자를 바꿔야 합니다. 독자를 바꾸면 책 전체를 다시 설계해야 할 수도 있습니다. 하지만 그것이 맞습니다. 애매한 독자 설정으로 끝까지 가는 것보다, 명확한 독자 한 명을 위해 다시 시작하는 것이 훨씬 낫습니다.

독자 설정은 한 번에 확정되지 않습니다. 주제 선언문을 쓰면서 독자를 정의하고, 목차를 만들면서 다시 점검하고, 초고를 쓰면서 또 수정합니다. 이 과정을 통해 대화 상대인 독자는 점점 명확해집니다. 중요한 것은 독자에 대한 고민을 계속 이어가는 것입니다.

'이 내용이 독자에게 정말 필요할까?'

'독자는 이 설명을 이해할 수 있을까?'

'독자가 실제로 적용할 수 있을까?'

이런 질문을 스스로에게 던지며 쓰는 책은 결국 독자의 마음에 닿습니다. 독자 한 명과 진지하게 대화하듯 쓴 책이 바로 좋은 책입니다.

타깃 독자를 더 구체적으로 정의하고 싶어.
'책 쓰고 싶은 사람'은 너무 넓잖아.

AI 최강작가 수강생들을 떠올려보세요.
어떤 분들이 가장 많이 오셨어요?

40~50대 기업가, 교수, 전문직, 소상공인, 강사들
이 많았어.
전문 지식은 있는데 글로 정리해본 적이 없는 분들.
'책 한 권으로 브랜딩하고 싶다'라는 욕구가 강했어.

그분들이 1차 타깃이네요.

1차 타깃:
- 40~50대 기업가, 교수, 전문직, 소상공인, 강사
- 경험과 노하우는 있지만 글로 정리해본 적 없음
- '책 한 권으로 전문가로 인정받고 싶다'

…중략…

이분들을 머릿속에 그리면서 쓰면
문체와 예시 선택이 훨씬 쉬워져요.

# STORIES 프레임워크
# 첫 경험

## "AI야, 책 한 권 써줘"의 함정

"AI야, 나 책 한 권 쓰고 싶어. 써줘."

이렇게 시작해본 적 있으신가요? AI는 즉시 응답합니다. 15개 장, 그럴듯한 목차, 매끄러운 문장들.

'와, 이렇게 쉬운 거였어?'

하지만 3장쯤 읽다 보면 알게 됩니다. 이건 내가 쓴 게 아니라는 걸. 인터넷 어디서나 볼 수 있는, 누구나 아는 이야기들뿐이라는 걸.

문제는 AI의 능력이 부족해서가 아닙니다. 문제는 우리가 AI에게 잘못된 방식으로 요청하고 있다는 것입니다. "다 해줘"라는 명령은 편하지만 위험합니다. 방향을 AI에게 맡기는 순간, 여러분은 구경꾼이 되고 맙니다.

그래서 구조가 필요합니다. 어느 단계에서 여러분이 방향을 잡고, 어느 단계에서 AI가 확장을 돕는지 명확히 정해진 시스템이 필요합니다. 바로 이 지점에서 제가 여러분께 소개하고 싶은 것이 있습니다. 저는 이것을 STORIES 프레임워크라고 부릅니다.

## 이제 여러분께 제 필살기를 보여드리겠습니다

———

STORIES는 제가 수많은 사람과 함께 책을 쓰는 과정에서 만들어낸 7단계 책쓰기 시스템입니다. 처음 책을 쓰는 사람들이 가장 많이 하는 질문이 있습니다.

"어디서부터 시작해야 하나요?"

"다음엔 뭘 해야 하나요?"

"이렇게 하는 게 맞나요?"

STORIES는 이 모든 질문에 대한 답입니다. 주제 발굴부터 출간과 브랜딩까지, 책 한 권을 완성하는 전체 여정을 7단계로 정리한 지도입니다.

이 절에서는 STORIES 프레임워크의 전체 구조를 처음으로 여러분께 소개하겠습니다. 7단계가 각각 무엇을 의미하는지, 어떤 순서로 진행되는지, 그리고 각 단계에서 여러분과 AI가 어떻게 역할을 나눠야 하는지 명확히 알려드리겠습니다.

## STORIES 7단계, 하나씩 열어보겠습니다

STORIES는 7개 단계의 영문 첫 글자를 따서 만든 이름입니다. 각 단계는 책을 완성하는 과정에서 반드시 거쳐야 할 지점들입니다. 지금부터 하나씩 열어보겠습니다.

### S: Subject Discovery | 주제 발굴

첫 번째 단계는 주제 발굴입니다. 여러분이 쓰고 싶은 책의 본질을 찾는 단계입니다.

"나는 왜 이 책을 써야 하는가?"

"독자에게 무엇을 전하고 싶은가?"

"내가 가진 경험과 전문성 중 무엇을 나눌 것인가?"

이 질문들에 대한 대답을 명확히 합니다. 우리가 4절에서 대화 기반 주제 발굴을 했고, 5절에서 주제 선언문을 만든 것이 바로 이 단계입니다. 여러분은 이미 S단계를 경험했습니다.

### T: Table of Contents | 목차 설계

두 번째 단계는 목차 설계입니다. 책의 구조를 만드는 단계입니다. 독자가 이 책을 읽으면서 어떤 여정을 걸을지, 어떤 순서로 메시지를 전달할지 설계합니다. 목차는 단순한 제목 나열이 아닙니다. 독자의 문제를 어떤 순서로 해결해줄지, 어떤 흐름으로 설득할지를 보여주는 전략적 설계도입니다. 이 단계는 3장에서 자세히 다룰 예정입니다.

### O: Outline Proposal | 초고 기획서

세 번째 단계는 초고 기획서입니다. 책 전체의 방향성과 각 절의 핵심 메시지를 정리하는 단계입니다. 목차가 정해졌다면 이제 각 절에서 무엇을 다룰지, 어떤 사례를 넣을지, 독자가 어떤 상태 변화를 경험할지 미리 설계합니다. 이것이 있으면 초고를 쓸 때 방향을 잃지 않습니다. 이 단계도 4장에서 다룹니다.

### R: Rapid Drafting | 초고 작성

네 번째 단계는 초고 작성입니다. 드디어 본격적으로 글을 쓰는 단계입니다. 하지만 여기서 중요한 것은 '빠르게'입니다. 완벽한 문장을 만들려고 하지 말고, 말하듯이 쏟아내듯이 초고를 완성하는 것이 목표입니다. AI와 대화하며 생각을 정리하고, 그것을 문장으로 만들어가는 과정입니다. 이 단계에서 여러분은 처음으로 '나도 책을 쓰고 있구나'라고 실감하게 됩니다. 4장에서 함께 경험할 것입니다.

### I: Insight Enrichment │ 내용 풍부화

다섯 번째 단계는 내용 풍부화입니다. 초고가 완성되면 이제 깊이를 더하는 단계입니다. 데이터, 사례, 인용, 스토리를 보강합니다. 노트북LM(NotebookLM) 같은 도구를 활용해 자료를 정리하고, AI와 함께 내용을 확장합니다. 독자가 '이 책은 깊이가 있다'라고 느끼도록 만드는 단계입니다. 이것은 5장에서 다룹니다.

### E: Editing & Fact-checking │ 퇴고·검증

여섯 번째 단계는 퇴고와 검증입니다. 문장을 다듬고, 논리를 점검하고, 사실관계를 확인하는 단계입니다. 반복되는 표현을 정리하고, 어색한 문장을 고치고, 독자가 읽기 편하도록 흐름을 조정합니다. 이 단계를 거치면 초고는 출간 가능한 원고로 변합니다. 6장에서 함께 진행할 것입니다.

### S: Showcase & Branding │ 출간·브랜딩

일곱 번째 단계는 출간과 브랜딩입니다. 책을 세상에 보여주는 단계입니다. 표지를 만들고, 플랫폼에 출간하고, 독자에게 알립니다. 그리고 여기서 끝이 아닙니다. 책을 기반으로 강의, 세미나, 커뮤니티로 확장합니다. 책은 퍼스널 브랜딩의 시작점이 됩니다. 이것은 7장에서 다룹니다.

## 각 단계에서 당신이 할 일, AI가 할 일

———

STORIES 7단계를 소개했습니다. 그런데 여기서 중요한 것이 있습니다. 각 단계에서 여러분이 해야 할 일과 AI가 도울 일이 다릅니다. 이것을 명확히 구분하지 않으면 "AI야, 다 해줘"의 함정에 다시 빠지게 됩니다.

핵심 원칙은 간단합니다. 방향은 여러분이 정하고, 확장은 AI가 돕습니다.

주제 발굴(S) 단계에서는 여러분이 '왜 이 책을 쓰고 싶은지', '누구를 위한 책인지'를 결정합니다. AI는 그 생각을 정리하고, 질문을 던지며, 흩어진 아이디어에서 패턴을 찾아줍니다. 하지만 최종 주제를 선언하는 것은 여러분입니다.

목차 설계(T)와 초고 기획서(O) 단계에서는 여러분이 전체 구조와 방향을 잡습니다. AI는 여러 옵션을 제시하고, 빠진 부분을 짚어주며, 논리적 흐름을 점검해줍니다. 하지만 '이 순서로 가겠다'라고 결정하는 것은 여러분입니다.

초고 작성(R)과 내용 풍부화(I) 단계에서는 AI의 역할이 커집니다. 여러분이 말하듯 풀어놓은 생각을 AI가 문장으로 정리하고, 사례를 찾아주고, 내용을 확장해줍니다. 하지만 '이 사례가 맞다', '이 방향으로 가겠다'라는 판단은 여전히 여러분의 몫입니다.

퇴고(E)와 출간(S) 단계에서는 AI가 문장을 다듬고, 오류를 찾아주고, 형식을 맞춰줍니다. 하지만 최종 원고를 승인하고, 출간 버튼을 누르는 것은 여러분입니다.

정리하면 이렇습니다. 여러분은 개념을 잡고, 방향을 정하고, 최종 판단을 내립니다. AI는 아이디어를 확장하고, 내용을 정교하게 다듬고, 반복 작업을 도와줍니다. 이 역할 분담이 명확해야 'AI가 쓴 글'이 아니라 'AI와 함께 쓴 내 글'이 완성됩니다.

## 이 책에서 여러분이 경험할 단계

STORIES 7단계를 모두 소개했습니다. 그런데 여러분은 지금 이런 생각을 할 수 있습니다. '7단계를 다 배워야 한다는 건가? 그럼 너무 복잡한 거 아닌가?' 걱정하지 마세요. 이 책은 입문서입니다. 여러분이 처음 책을 쓸 때 꼭 알아야 할 핵심 단계만 다룹니다.

이 책에서 여러분이 집중적으로 경험할 단계는 S, T, O, R입니다. 주제 발굴, 목차 설계, 초고 기획서, 초고 작성까지입니다. 이 네 단계만 제대로 경험해도 여러분은 책 한 권의 뼈대를 완성할 수 있습니다. 내용 풍부화, 퇴고, 출간은 개론 수준으로 다룹니다. 왜 이렇게 구성했을까요? 초보자가 가장 어려워하는 지점은 '시작'과 '구조'이기 때문입니다. 일단 초고까지 완성하면 나머지는 훨씬 수월합니다.

STORIES 프레임워크 전체를 깊이 있게 다루는 것은 이 책의 후속편이나 워크북, 실전 과정에서 다룰 예정입니다. 지금은 '맛보기'라고 생각하시면 됩니다. 전체 지도를 보여드렸으니, 이제 여러분은 자신이 어디쯤 와 있는지, 앞으로 어디로 가야 하는지 알 수 있습니다.

## 지도를 손에 쥐고 이제 본격적으로 걸어갑니다

———

STORIES는 단순한 이론이 아닙니다. 제가 실제로 수많은 사람과 함께 책을 완성하면서 검증한 시스템입니다. 이 프레임워크가 있으면 여러분은 혼자가 아닙니다. 길을 잃지 않습니다. '다음엔 뭘 해야 하지?'라는 막막함이 사라집니다. 각 단계에서 해야 할 일이 명확하기 때문입니다.

그리고 이제 여러분은 AI와의 역할 분담도 알게 되었습니다. 언제 여러분이 방향을 잡아야 하고, 언제 AI에게 확장을 맡겨야 하는 지 분명해졌습니다. 이 두 가지—STORIES라는 지도와 역할 분담 이라는 원칙—가 여러분을 끝까지 데려다줄 것입니다.

지금까지 우리는 1장에서 책을 써야 하는 이유를 확인했고, 2장 에서 주제와 독자를 정의했습니다. 이제 3장부터는 본격적으로 책 의 구조를 만들어갈 것입니다. 목차를 설계하고, 초고 기획서를 완 성하고, 초고를 작성하는 여정이 시작됩니다. 여러분의 손에는 지 도가 있습니다. 이제 걸어갈 일만 남았습니다.

저술부터 출간 그리고 브랜딩까지 이어지는 책쓰기 과정 7단계를 시각적으로 명확하게 안내합니다.

**S: Subject Discovery(주제 발굴)**
내가 왜 이 책을 써야 하는지,
책의 목적과 핵심 메시지를 정합니다.

**T: Table of Contents(목차 설계)**
독자를 설득할 메시지의 순서와 흐름을 정하여
책의 설계도를 만듭니다.

**O: Outline Proposal(초고 기획서)**
각 절의 핵심 내용과 방향성을 미리 결정하여
집필의 나침반을 확보합니다.

**R: Rapid Drafting(초고 작성)**
완벽함보다 속도에 집중하며, 말하듯이 빠르게
아이디어를 쏟아내며 초고를 씁니다.

**I: Insight Enrichment(내용 풍부화)**
데이터, 사례, 인용 등을 보강하여
초고에 깊이와 신뢰도를 더합니다.

**E: Editing & Fact-checking(퇴고·검증)**
문장을 다듬고 논리와 사실을 점검하여
출간 가능한 원고로 완성합니다.

**S: Showcase & Branding(출간·브랜딩)**
책을 세상에 알리고, 이를 통해 퍼스널 브랜딩을 시작하고
확장합니다.

한 번에 다 설명하지 말고, 여정으로 보여주면 돼요.

"지금 막막하죠? S 단계를 거치면 주제가 잡힙니다.
주제가 잡혔는데 어디서부터 써야 할지 모르겠죠?
T 단계에서 목차가 잡힙니다."

이런 식으로 독자의 상태 변화와 연결하면
복잡하게 안 느껴져요.

맞아요. 그리고 이 책은 입문서니까
S, T, O, R까지만 집중적으로 다루고
나머지는 "이런 게 있다" 정도로 소개하면 돼요.

…중략…

독자가 '7단계 다 해야 해?'가 아니라
'일단 4단계만 따라가면 초고가 나오는구나.' 하고 느끼게요.

# 목차부터 제대로 짜야 산다

## 3장

주제가 정해졌다면, 이제 목차를 설계할 차례입니다. 목차는 단순히 장과 절 제목을 나열하는 것이 아닙니다. 독자가 걸어갈 길을 미리 그려놓는 작업입니다. 목차가 단단하면 글쓰기는 놀랍도록 쉬워지고, 목차가 흔들리면 글도 방향을 잃습니다. 3장에서는 CHARTS 프레임워크로 논리적 구조를 설계하고, 독자가 끝까지 읽는 목차의 법칙을 배우며, AI와 함께 목차를 고도화하는 방법을 다룹니다.

# CHARTS로 만드는
# 궁극의 목차 구조

## 목차가 없으면 글은 흘러간다

여러분이 책을 쓰다가 중간에 멈춘 경험이 있다면, 그 이유는 대부분 목차 때문입니다. 목차가 제대로 설계되지 않으면 글은 방향을 잃고, 작가는 어디로 가야 할지 모르는 상태에 빠집니다.

목차 없이 글을 쓰는 사람들은 전형적인 실패 패턴을 겪습니다. 처음 3~4개 절은 열정적으로 쓰지만, 5번째 절쯤 가면 '내가 이미 앞에서 이 이야기를 했나?'라는 혼란에 빠집니다. 같은 내용을 반복하거나, 중요한 내용을 빠뜨리거나, 논리적 순서가 뒤죽박죽되는 것입니다. 결국, 글을 쓰다가 멈추고, '역시 나는 책을 쓸 수 없어'라고 포기하게 됩니다.

반대로 목차가 단단하게 설계되어 있으면, 글쓰기는 놀랍도록 쉬워집니다. 오늘은 3번 절을 쓰고, 내일은 4번 절을 쓰면 됩니다. 각 절이 무엇을 다뤄야 하는지 명확하고, 전체 흐름 속에서 어떤 역할을 하는지가 분명하기 때문에 막힘 없이 글을 쓸 수 있습니다. 목차는 단순히 장과 절 제목을 나열하는 것이 아닙니다. 목차는 독자의 여정을 설계하고, 메시지의 흐름을 구조화하며, 책 전체의 완성도를 결정하는 설계도입니다.

저는 수많은 사람과 함께 책을 쓰는 과정에서 목차의 중요성을 거듭 확인했습니다. 목차가 탄탄한 사람은 초고 작성이 빠르고, 완성도가 높았습니다. 목차가 흔들리는 사람은 글을 쓰다가 방향을 잃고, 결국 중단하는 경우가 많았습니다. 흔히들 "목차가 절반이다"라고 말하는데, 이 말은 정말 맞습니다. 목차만 제대로 완성되면 그 다음부터는 놀랍도록 쉬워집니다.

## CHARTS, 목차 설계의 궁극 프레임워크

그렇다면 어떻게 목차를 설계해야 할까요? 단순히 떠오르는 절 제목을 나열하는 방식으로는 부족합니다. 목차는 논리적 완결성을 갖춰야 하고, 독자의 흐름을 고려해야 하며, 메시지가 중복되거나

누락되지 않도록 설계되어야 합니다. 이를 위해 제가 개발한 프레임워크가 바로 CHARTS입니다.

CHARTS는 Concept(핵심 개념), Hierarchy(계층 구조), Audience(독자 시선), Refinement(반복 다듬기), Thematic(일괄된 테마), Structure(최종 구조)의 첫 글자를 딴 것으로, 목차를 체계적으로 설계하기 위한 6가지 핵심 원칙을 담고 있습니다. 이 프레임워크를 따라가면 여러분은 논리적으로 완결되고, 독자 중심적이며, 메시지가 명확한 목차를 만들 수 있습니다. CHARTS는 단순한 체크리스트가 아닙니다. 이것은 목차 설계의 사고방식이자, 책 전체의 구조를 완성하는 시스템입니다.

### C - Concept, 핵심 개념을 정렬하라

목차 설계의 첫 단계는 책에서 다룰 핵심 개념들을 명확히 정렬하는 것입니다. 여러분이 전달하고 싶은 메시지가 무엇인지, 독자가 이해해야 할 핵심 개념이 무엇인지를 먼저 정리해야 합니다. 개념이 정리되지 않으면 목차는 산만해지고, 같은 이야기가 반복되거나 중요한 내용이 빠지게 됩니다.

예를 들어, 여러분이 AI 글쓰기에 대한 책을 쓴다고 가정해봅시다. 핵심 개념은 무엇일까요? AI의 역할, 대화형 글쓰기, 프롬프트 기술, 초고 작성, 퇴고 등이 있을 것입니다. 이 개념들을 먼저 나열하고, 각 개념이 독립적으로 다뤄질 수 있는지, 아니면 다른 개념과 통합되어야 하는지를 판단해야 합니다. 개념이 명확히 정렬되면 목차는 자연스럽게 논리적 흐름을 갖추게 됩니다.

**H – Hierarchy, 계층 구조를 세워라**

목차는 평면적인 나열이 아니라 계층적 구조를 가져야 합니다. 책은 크게 장으로 나뉘고, 장은 절로 나뉘며, 절은 항으로 나뉩니다. 이 계층 구조가 명확해야 독자는 책의 전체 흐름을 이해하고, 각 절이 어떤 위치에 있는지를 파악할 수 있습니다.

계층이 흔들린 목차는 이렇게 보입니다. 1장에 'AI의 기본 개념'이 있고, 2장에 'AI 활용법'이 있는데, 3장에 갑자기 'AI의 역사'가 등장합니다. 이때 독자는 혼란스럽습니다. 역사는 기본 개념에 포함되어야 하는 것 아닌가?

계층이 명확한 목차는 다릅니다. 1장 'AI 이해하기'에 1절 'AI란 무엇인가', 2절 'AI의 발전 과정', 3절 'AI가 바꾼 세상'이 순서대로 배치됩니다. 독자는 자연스럽게 AI를 이해하는 여정을 따라갑니다.

계층 구조를 설계할 때는 상위 개념과 하위 개념의 관계를 명확히 해야 합니다. 장은 큰 주제를 다루고, 절은 그 주제를 세분화하며, 항은 구체적인 내용을 전달합니다. 만약 어떤 절이 장의 주제와 맞지 않거나, 다른 절과 논리적 연결이 약하다면 계층 구조가 흔들

　　　　3장 | 목차부터 제대로 짜야 산다

리고 있다는 신호입니다. 이럴 때는 절의 위치를 조정하거나, 장의 범위를 재설정해야 합니다.

계층 구조가 탄탄하면 독자는 책을 읽으면서 '지금 내가 어디쯤 와 있구나'라는 감각을 느낄 수 있습니다. 이것은 독자가 끝까지 책을 읽게 만드는 중요한 요소입니다.

## A – Audience, 독자의 시선으로 배열하라

목차는 작가의 편의가 아니라 독자의 이해를 중심으로 설계되어야 합니다. 여러분이 아무리 논리적이라고 생각하는 순서라도, 독자가 받아들이기 어렵다면 그것은 좋은 목차가 아닙니다. 독자가 무엇을 먼저 알아야 편하게 읽어 내려갈 수 있을까요? 어떤 순서로 정보가 제공되어야 혼란 없이 이해할 수 있을까요?

예를 들어, 기술적인 내용을 다루는 책이라면 기초 개념을 먼저 설명하고, 그다음 응용 방법을 다뤄야 합니다. 반대로 독자의 관심을 끌기 위해 문제 상황을 먼저 제시하고, 그 해결책으로 기술을 소개하는 방식도 가능합니다. 중요한 점은 독자가 자연스럽게 다음 절로 넘어갈 수 있도록 흐름을 만드는 것입니다.

독자의 시선으로 목차를 배열하면, 책은 읽히는 책이 됩니다. 독자가 '다음은 뭐지?'라는 호기심을 갖고 페이지를 넘기게 만드는 목차가 좋은 목차입니다.

## R – Refinement, 반복적으로 다듬어라

목차는 한 번에 완성되지 않습니다. 처음 만든 목차는 대부분 문제를 안고 있습니다. 중복되는 절이 있거나, 논리적 흐름이 어색하거나, 어떤 절은 너무 얇고 어떤 절은 너무 두껍습니다. 이럴 때 필요한 것이 바로 정제(Refinement), 즉 반복적인 다듬기입니다.

목차를 다듬는 과정에서는 몇 가지 질문을 스스로에게 던져야 합니다.

이 절들이 MECE(Mutually Exclusive and Collectively Exhaustive: 상호 배타적이면서 전체 포괄적인) 원칙을 만족하는가? 즉, 서로 겹치지 않으면서 전체를 빠짐없이 다루고 있는가?

각 절의 분량이 균형적인가?

독자가 이 순서로 읽었을 때 자연스러운가?

이런 질문들에 대한 답을 찾아가면서 목차는 점점 단단해집니다.

여기서 AI는 강력한 도구가 됩니다. AI에게 목차를 보여주고 구체적인 질문을 던지면, 객관적인 시각에서 문제점을 찾아줍니다. 예를 들어 이런 질문들입니다.

"이 목차에서 내용이 중복되는 절이 있나요?"

"2장의 3절과 3장의 1절이 논리적으로 자연스럽게 연결되나요?"

"독자가 이 순서로 읽었을 때 이해하기 어려운 부분이 있을까요?"

"각 장의 분량이 균형적인가요? 너무 얇거나 두꺼운 장이 있

     3장 │ 목차부터 제대로 짜야 산다

나요?"

"전체 목차를 보았을 때 빠진 주제가 있나요?"

이 질문들에 대한 AI의 피드백을 받고, 목차를 수정하고, 다시 검토하는 과정을 반복하면 목차는 완성도 높은 형태로 진화합니다. 목차 다듬기는 한 번이 아니라 최소 3~5번은 반복해야 합니다. 처음에는 귀찮게 느껴지지만, 이 과정을 거친 목차는 글쓰기 단계에서 여러분을 구원합니다.

### T – Thematic, 일관된 테마를 유지하라

목차 전체는 하나의 테마로 관통되어야 합니다. 각 절이 아무리 좋은 내용을 담고 있어도, 책 전체를 관통하는 테마가 흔들리면 독자는 혼란을 느낍니다. 테마는 책의 정체성이며, 독자가 책을 읽으면서 계속 느껴야 하는 일관된 메시지입니다.

예를 들어, 이 책의 테마는 "AI와 함께라면 누구나 책을 쓸 수 있다"입니다. 모든 절은 이 테마를 지지하고, 강화하는 방향으로 설계되어야 합니다. 만약 어떤 절이 이 테마와 동떨어진 내용을 다룬다면, 그 절은 삭제하거나 다른 책으로 옮겨야 합니다.

테마를 유지하는 방법은 간단합니다. 각 절을 작성하기 전에 "이 절이 책의 핵심 메시지를 지지하는가?"를 스스로에게 물어보는 것입니다. 만약 답이 명확하지 않다면, 그 절은 다시 생각해봐야 합니다.

### S – Structure, 최종 구조를 완성하라

CHARTS의 마지막 단계는 'Structure', 즉 최종 구조를 완성하는 것입니다. 여기서는 목차의 모든 요소가 유기적으로 연결되어 있는지, 전체 흐름이 독자에게 명확하게 전달되는지를 최종 점검합니다. 목차는 단순히 장과 절 제목의 나열이 아니라, 독자가 처음부터 끝까지 여행하는 지도입니다. 이 지도가 명확해야 독자는 길을 잃지 않고 책을 완독할 수 있습니다.

최종 구조를 점검할 때는 목차를 전체적으로 한눈에 펼쳐놓고 봐야 합니다.

장의 배치가 논리적인가?

장의 순서가 자연스러운가?

어떤 부분이 너무 얇거나 두껍지 않은가?

이 질문들에 모두 만족스러운 답이 나온다면, 여러분의 목차는 완성된 것입니다.

## CHARTS를 따라가면 목차는 완성된다

———

CHARTS는 복잡해 보일 수 있지만, 실제로는 매우 직관적인 프레임워크입니다. Concept을 정렬하고, Hierarchy를 세우고, Audience의 시선으로 배열하고, Refinement를 반복하고, Thematic 일관성을 유지하며, Structure를 완성하는 것. 이 6단계를 따라가면 여러분은 논리적으로 완결되고, 독자 중심적이며, 완성도 높은 목차를 만들 수 있습니다.

목차가 완성되면 책의 절반은 이미 완성된 것입니다. 이제 여러분은 목차를 따라 글을 쓰기만 하면 됩니다. 목차가 단단하면 글쓰기는 놀랍도록 쉬워집니다. 다음 절에서는 독자가 끝까지 읽는 목차를 만드는 구체적인 전략을 다루겠습니다.

에이미, 내가 짠 목차 좀 봐줘.
뭔가 허술한 것 같은데 어디가 문제인지 모르
겠어.

CHARTS로 점검해볼게요.

C - Concept: 핵심 메시지가 목차에 반영되어 있나요?
H - Hierarchy: 부-장-절 구조가 논리적인가요?
A - Audience: 독자 여정이 자연스러운가요?
R - Readability: 제목만 봐도 내용이 예측되나요?
T - Theme: 각 장과 절이 하나의 테마로 묶여 있나요?
S - Structure: 겹치거나 빠진 내용은 없나요?

대표님 목차를 보니까, R이 약해요.
1절 첫 번째 제목이 '초고 기획서'인데, 이게 뭔지 모르는 독자
가 많을 거예요.

…중략…

"책의 설계도를 먼저 그려라"처럼
독자가 바로 이해할 수 있는 제목으로 바꿔볼까요?

# 읽히는 책은
# 목차에서 승부 난다

## 목차는 독자와의 첫 약속이다

독자가 책을 펼치고 가장 먼저 보는 것은 무엇일까요? 표지 다음은 목차입니다. 목차를 보는 순간 독자는 결정합니다.

"이 책을 끝까지 읽을까, 말까?"

책을 구매하기 전, 많은 독자는 미리보기 기능으로 목차를 먼저 확인합니다. 목차를 훑어보며 '이 책이 내 문제를 해결해줄까?', '내용이 체계적으로 구성되어 있을까?', '끝까지 읽을 만한 가치가 있을까?'를 판단합니다. 서점에서 책을 고를 때도 마찬가지입니다. 표지를 보고, 목차를 펼치고, 그 순간 구매를 결정합니다. 목차는 단순한 안내판이 아닙니다. 목차는 독자에게 이 책이 어떤 여정을 제공할 것인지 보여주는 약속입니다.

목차가 매력적이지 않으면 독자는 책장을 넘기지 않습니다. 목차가 명확하지 않으면 독자는 중간에 길을 잃습니다. 읽히는 책과 읽히지 않는 책의 차이는 종종 목차에서 갈립니다. 내용이 아무리 훌륭해도, 목차가 독자를 이끌지 못하면 그 내용은 독자에게 도달하지 못합니다. 반대로 목차가 독자의 호기심을 자극하고, 명확한 흐름을 제시하며, 다음 절로 자연스럽게 이끌면 독자는 책을 놓지 못합니다. 이번 절에서는 독자가 끝까지 읽는 목차를 만드는 구체적인 전략을 다루겠습니다.

## 독자를 움직이는 목차의 3가지 법칙

독자가 목차를 보고 '이 책을 읽어야겠다'라고 느끼게 만드는 목차에는 공통점이 있습니다.

첫째, 절 제목이 명확하고 매력적입니다.

둘째, 전체 흐름이 논리적이고 자연스럽습니다.

셋째, 긴장과 이완의 리듬이 있습니다.

이 세 가지 법칙을 이해하고 적용하면 여러분의 목차는 독자를 사로잡을 수 있습니다.

첫 번째 법칙, 절 제목이 독자를 움직입니다. 절 제목은 독자에게 '이 절을 읽으면 무엇을 얻을 수 있는가'를 명확히 전달해야 합니다. 추상적이거나 모호한 제목은 독자의 관심을 끌지 못합니다. 구체적이고 명확한 제목이 독자를 움직입니다.

예를 들어봅시다. "AI 활용법"이라는 제목과 "AI로 3배 빠르게 초고 쓰는 법"이라는 제목 중 어느 것이 더 끌리나요? 전자는 막연하지만, 후자는 구체적입니다. 독자는 "3배 빠르게"라는 구체적 이득을 즉시 파악할 수 있습니다. "목차 설계 원칙"보다는 "읽히는 책은 목차에서 승부 난다"가 더 강렬합니다. 제목은 독자에게 가치를 약속해야 합니다.

좋은 절 제목을 만드는 몇 가지 팁이 있습니다.

첫째, 숫자를 활용하세요. "5가지 방법", "3단계 프로세스"처럼 숫자가 들어가면 구체성이 높아집니다.

둘째, 질문형으로 만들어보세요. "당신은 왜 책을 못 쓰는가?"는 독자의 호기심을 자극합니다.

셋째, 결과를 명시하세요. "~하는 법", "~로 바뀐다", "~를 만드는" 같은 표현은 독자에게 명확한 기대를 줍니다.

넷째, 독자의 감정을 건드리세요. "두려움을 극복하는", "막막함을 해결하는" 같은 표현은 독자가 자신의 문제로 받아들이게 합니다.

두 번째 법칙, 흐름이 있는 목차를 만들어야 합니다. 목차는 단순히 장과 절들의 나열이 아니라 하나의 이야기입니다. 독자는 첫 번째 장에서 시작해 마지막 장까지 자연스럽게 흘러가야 합니다. 흐름이 있는 목차는 독자를 이끌고, 흐름이 없는 목차는 독자를 혼란스럽게 만듭니다.

구체적으로 비교해보겠습니다. 흐름이 없는 목차는 이렇습니다.

1장. AI의 역사

2장. 글쓰기 방법론

3장. AI 도구 소개

4장. 책쓰기의 어려움

5장. 목차 설계 기법

이 목차를 보면 어떤 느낌이 드나요? 각 장이 무작위로 배치된 것처럼 보입니다. 4장에서 갑자기 '어려움'을 다루는 것도 이상하고, 1장의 '역사'가 왜 첫 번째인지도 불명확합니다. 독자는 이 책이 어디로 가는지 감을 잡을 수 없습니다.

흐름이 있는 목차는 이렇습니다.

1장. 왜 지금, 당신은 책을 써야 하는가

2장. 주제와 방향을 결정하는 가장 쉬운 방법

3장. 목차가 절반이다

4장. 초고를 만드는 가장 빠르고 자연스러운 방법

     

5장. 책의 깊이를 만드는 AI 풍부화 전략

이 목차는 어떤가요? 독자의 여정이 보입니다. 동기부여로 시작해, 주제를 정하고, 목차를 만들고, 초고를 쓰고, 내용을 풍부화하는 과정이 단계별로 펼쳐집니다. 독자는 '아, 이 책이 나를 어디로 데려가는구나'를 명확히 이해합니다.

흐름을 만드는 가장 기본적인 방법은 '문제 → 해결' 구조입니다. 초반부에서 독자가 겪는 문제를 제시하고, 중반부에서 해결 방법을 설명하며, 후반부에서 실천 방법을 안내하는 것입니다. 또 다른 흐름은 '단계별 여정' 구조입니다. 독자가 A 지점에서 B 지점으로 이동하는 과정을 단계별로 안내하는 것입니다. 독자는 '나는 지금 2단계에 있고, 다음은 3단계구나'라는 감각을 느끼며 안정감을 얻습니다.

세 번째 법칙, 긴장과 이완의 리듬을 만들어야 합니다. 읽히는 책의 목차는 리듬을 갖고 있습니다. 계속 긴장만 유지하면 독자는 지치고, 계속 이완만 있으면 독자는 지루해합니다. 긴장과 이완을 적절히 배치해 독자가 숨을 쉬며 읽을 수 있도록 해야 합니다.

긴장을 주는 절은 문제를 제기하거나, 도전적인 내용을 다루거나, 독자에게 새로운 관점을 요구하는 절입니다. 예를 들어 "당신이 책을 못 쓰는 진짜 이유"는 독자에게 불편한 진실을 마주하게 만듭니다. 이런 절은 독자의 주의를 집중시키지만, 연속되면 피로를 줍니다.

이완을 주는 절은 독자에게 희망을 주거나, 구체적인 해결책을 제시하거나, 실천 가능한 방법을 안내하는 절입니다. "AI와 함께라면 누구나 쓸 수 있다"는 독자에게 안도감을 줍니다. "3가지 간단한 실천법"은 독자에게 행동 가능성을 제공합니다. 이런 절은 독자가 숨을 고르고 다음 단계로 나아갈 힘을 줍니다.

목차를 설계할 때는 긴장과 이완의 배치를 의식적으로 조절해야 합니다. 문제 제기 절 다음에는 해결책 절을, 이론적 절 다음에는 실전 절을 배치하는 식입니다. 독자는 이 리듬을 따라가며 자연스럽게 책을 완독하게 됩니다.

## 균형과 피드백으로 완성도를 높여라

목차의 균형은 완성도를 결정합니다. 어떤 장은 절이 2개뿐인데, 다른 장은 절이 8개라면 독자는 불균형을 느낍니다. 각 장은 비슷한 무게를 가져야 하고, 각 절도 비슷한 분량을 가져야 합니다. 물론 절대적인 균형은 불가능하지만, 극단적인 차이는 피해야 합니다.

장의 균형을 맞추려면 각 장이 전체 메시지에서 차지하는 비중을 고려해야 합니다. 만약 3장이 책의 핵심이라면 절을 더 배치할 수 있습니다. 하지만 1장이 단순히 도입부라면 2~3개 절로 간결하게 구성하는 것이 좋습니다. 중요한 것은 각 장의 역할이 명확하고, 그 역할에 맞는 분량을 갖추는 것입니다.

절의 균형도 마찬가지입니다. 어떤 절은 3,000자인데 다른 절은 15,000자라면 독자는 혼란스럽습니다. 각 절은 하나의 완결된 메시지를 전달할 수 있는 적정 분량을 유지해야 합니다. 대부분의 경우 절당 4,000자에서 6,000자 정도가 적절합니다. 너무 짧으면 내용이 빈약해 보이고, 너무 길면 독자가 지칩니다.

목차가 완성되었다고 생각될 때, 가장 좋은 검증 방법은 독자에게 직접 보여주는 것입니다. 주변 사람에게 목차를 보여주고 이렇게 물어보세요.

"이 목차를 보고 어떤 느낌이 드나요?"

"어떤 절이 가장 읽고 싶나요?"

"흐름이 자연스러운가요?"

독자의 관점에서 나오는 피드백은 작가 혼자 보지 못하는 문제를 발견하게 해줍니다.

AI에게도 목차를 검토받을 수 있습니다.

"이 목차를 처음 보는 독자 입장에서 평가해주세요."

"각 장의 역할이 명확한가요?"

"독자가 끝까지 읽을 만한 흐름인가요?"

이렇게 질문하면 AI는 객관적인 시각에서 개선점을 제시합니다.

목차는 여러 번 수정되어야 합니다. 처음 만든 목차는 완벽하지 않습니다. 피드백을 받고, 다듬고, 다시 검토하는 과정을 반복하면서 목차는 점점 더 읽히는 형태로 진화합니다.

## 목차에서 승부는 이미 결정된다

독자는 목차를 보고 책의 가치를 판단합니다. 목차가 매력적이면 독자는 책을 사고, 목차가 명확하면 독자는 책을 끝까지 읽습니다. 목차가 흐름을 갖고 있으면 독자는 자연스럽게 다음 절로 넘어갑니다. 목차에서 승부는 이미 결정됩니다.

여러분이 만든 목차를 다시 한번 펼쳐보세요. 독자의 눈으로 보세요. 이 목차가 독자에게 명확한 약속을 하고 있나요? 절 제목이 구체적이고 매력적인가요? 흐름이 자연스러운가요? 긴장과 이완의 리듬이 있나요? 균형이 맞나요? 이 질문들에 자신 있게 답할 수 있다면, 여러분의 목차는 이미 승부를 결정한 것입니다. 다음 절에서는 AI를 활용해 목차를 더욱 고도화하는 대화법을 다루겠습니다.

5절 제목을 "AI가 쓴 티 안 나게 하는 법"으로 하려고 하는데 어때?

솔직히 말씀드리면, 재고가 필요해요.

문제점:
- "AI가 쓴 티"라는 표현이 부정적인 느낌
- 마치 숨겨야 할 것처럼 들림
- 실제 절 내용(문체 찾기)과도 안 맞아요

대안:
1. "읽히는 글에는 비밀이 있다"
2. "AI로 나만의 문체를 찾는 법"

1번이 낫네. 부정적인 뉘앙스 없이 호기심을 자극하네.

맞아요. 독자가 제목을 보고
"뭔데? 알려줘!" 하게 만드는 게 좋은 제목이에요.

…중략…

다른 절 제목도 같은 기준으로 점검해볼까요?

# AI로 목차를
# 고도화하는 대화법

## 목차 고도화, AI와의 대화가 핵심입니다

CHARTS 프레임워크로 목차를 설계하고, 독자 관점으로 점검했다면, 이제 AI와 함께 목차를 고도화할 차례입니다. 고도화란 단순히 목차를 예쁘게 다듬는 것이 아닙니다. 논리적 허점을 찾아내고, 독자 흐름을 최적화하며, 절 간 균형을 맞추는 과정입니다. 혼자서 이 작업을 하면 시간이 오래 걸리고, 자신의 글에 대한 객관성을 유지하기 어렵습니다. AI는 이 과정을 훨씬 빠르고 정확하게 도와줍니다.

AI와 목차를 고도화할 때 가장 중요한 것은 대화의 질입니다. 막연하게 "목차 좀 봐줘"라고 하면 막연한 답이 돌아옵니다. 구체적인 질문을 던지고, AI의 답변을 바탕으로 다시 질문하는 과정을 반복해야 합니다. 이 과정에서 목차는 점점 단단해집니다.

## 4단계 목차 고도화 프로세스

목차를 AI와 함께 고도화하는 과정을 4단계로 정리해보겠습니다.

1단계는 전체 평가입니다. 먼저 AI에게 여러분의 목차를 보여주고 전체적인 평가를 요청합니다. "이 목차를 보고 논리적 흐름, 독자 관점에서의 자연스러움, MECE 원칙 충족 여부를 평가해줘"라고 질문합니다. AI는 목차 전체를 분석하고, 강점과 약점을 짚어줍니다. 이 단계에서는 세부적인 수정보다 큰 그림을 파악하는 것이 목적입니다.

2단계는 구체적 질문입니다. 전체 평가를 받은 후에는 구체적인 질문으로 목차를 해부합니다.

"2장의 마지막 절과 3장의 첫 절이 자연스럽게 연결되는가?"

"5장. '주제 선언문 만들기'와 7장. 'STORIES 프레임워크 첫 경험'에서 다루는 내용이 겹치지 않는가?"

"절 제목들을 보면 독자가 각 절에서 무엇을 얻을 수 있는지 명확히 알 수 있는가?"

"4장이 3개 절, 5장이 2개 절인데, 5장의 분량이 너무 얇지 않은가?"

이런 질문들은 AI가 목차의 세부 요소를 집중적으로 분석하게 만듭니다.

3단계는 대안 제시입니다. 목차의 문제점을 파악했다면, 이제 AI에게 대안을 제시하게 합니다. 예를 들어, 3장의 절 순서가 어색하다고 판단되었다면 "3장의 절 순서를 독자가 더 이해하기 쉽게 재배치해줘. 3가지 대안을 제시해줘"라고 요구합니다. AI는 절 순서를 바꾼 3가지 목차를 보여주고, 각 대안의 장단점을 설명합니다.

4단계는 반복 다듬기입니다. 목차는 한 번의 대화로 완성되지 않습니다. AI와의 대화를 반복하며 점진적으로 개선해야 합니다. 목차를 3~5번 정도 반복해서 다듬으면, 처음 만들었을 때와는 완전히 다른 수준의 목차가 완성됩니다.

## AI에게 맡길 것과 작가가 결정할 것

———

AI는 강력하지만, 만능은 아닙니다. AI에게 맡기면 좋은 부분과 작가가 직접 해야 하는 부분을 구분해야 합니다.

AI에게 맡기면 좋은 부분은 이렇습니다. 논리적 흐름 점검, MECE 원칙 확인, 중복 내용 발견, 절 제목 대안 제시, 목차 재배치

시뮬레이션입니다. AI는 객관적이고 빠르게 여러 대안을 만들어낼 수 있기 때문에, 이런 작업에 매우 유용합니다.

작가가 직접 해야 하는 부분은 이렇습니다. 책의 핵심 메시지 결정, 독자에게 전달하고 싶은 가치 판단, 최종 목차 선택, 작가의 개성과 톤 반영입니다. AI는 논리와 구조를 도와주지만, 책의 영혼은 작가가 만듭니다. AI의 제안이 아무리 훌륭해도, 작가의 의도와 맞지 않으면 과감히 버려야 합니다.

AI를 활용할 때 가장 중요한 원칙은 "AI는 파트너이지, 대체자가 아니다"입니다. AI는 작가의 생각을 정리하고, 문제를 발견하며, 대안을 제시하는 역할을 합니다. 하지만 최종 결정은 언제나 작가의 몫입니다.

## AI도 역할을 나눠야 제대로 일합니다

여기서 한 가지 더 중요한 이야기를 하겠습니다. 많은 분이 AI 하나에게 모든 것을 맡기려고 합니다. 목차 기획도, 구조 점검도, 제목 다듬기도 한 AI에게 "다 해줘"라고 합니다. 그런데 결과물이 어딘가 어정쩡합니다. 왜 그럴까요?

사람도 기획 잘하는 사람 따로 있고, 글 잘 쓰는 사람 따로 있습니다. AI도 마찬가지입니다. 한 AI에게 기획도 하고, 구조도 잡고,

문장도 다듬으라고 하면 결과물이 어정쩡해집니다. 역할을 나눠야 합니다.

저는 챗GPT를 '에이미'라고 부르고, 클로드를 '클라라'라고 부릅니다. 이름을 붙인 건 단순한 재미가 아닙니다. 각자에게 명확한 역할을 주기 위해서입니다.

에이미는 저의 기획 파트너입니다. 저와 오랜 시간 대화를 나눠왔기 때문에 제 맥락을 잘 알고 있습니다. 제가 무슨 일을 하는지, 어떤 가치를 중요하게 생각하는지, 최근에 어떤 고민을 하고 있는지. 그래서 에이미와는 주로 목차 기획을 합니다. 아이디어를 던지면 구조를 잡아주고, 흩어진 생각을 정리해줍니다.

"이 목차 전체를 보고 MECE 원칙에 맞는지 확인해줘."

"각 장의 균형이 맞는지 점검해줘."

"절 순서를 재배치한 3가지 대안을 제시해줘."

이런 질문을 에이미에게 던집니다.

클라라는 작가입니다. 한글 문장을 다루는 능력이 뛰어납니다. 에이미가 잡아준 목차 구조를 클라라에게 넘기면, 클라라가 절 제목을 더 매력적으로 다듬어줍니다.

"이 절 제목이 독자의 호기심을 자극하는지 검토해줘."

"장 제목이 본문 내용을 정확히 반영하는지 확인해줘."

이런 요청을 합니다.

　　　3장 │ 목차부터 제대로 짜야 산다

## 목차 설계에서 두 AI 협업 실전

실제로 이 책의 목차를 만들 때도 이 방식을 사용했습니다. 먼저 에이미에게 전체 구조를 보여주고 물었습니다.

"이 목차가 STORIES 프레임워크를 따라 자연스럽게 흐르는지 확인해줘."

에이미는 장 간 연결이 어색한 부분을 짚어주고, 절 배치를 조정한 대안을 제시했습니다.

그다음 클라라에게 넘겼습니다.

"이 목차의 절 제목들을 독자 관점에서 검토해줘. 호기심을 자극하면서도 내용을 명확히 전달하는지 확인하고, 더 나은 대안이 있으면 제안해줘."

클라라는 "8절. 무너지지 않는 목차, CHARTS"라는 제목이 기존의 딱딱한 제목보다 훨씬 매력적이라고 피드백했습니다.

이렇게 에이미와 클라라를 오가며 목차를 다듬었습니다. 에이미가 구조를 잡으면 클라라가 문장을 다듬고, 다시 에이미에게 돌아와서 전체 흐름을 점검합니다. 혼자서 했으면 며칠이 걸렸을 작업이 몇 시간 만에 끝났습니다.

여러분도 목차를 만들 때 이 방식을 시도해보세요. 한 AI에게 모든 것을 맡기지 마세요. 기획은 기획에 강한 AI에게, 문장 다듬기는 문장에 강한 AI에게. 역할을 나누면 결과가 달라집니다.

## 실전 대화 시나리오

실제로 AI와 어떻게 대화하며 목차를 개선하는지, 이 책의 목차를 만들 때 있었던 대화를 보여드리겠습니다.

- 나: 에이미, 3장 '목차부터 제대로 짜야 산다'에 8절, 9절, 10절 세 절이 있어. MECE하게 구성되었는지 확인해줘.
- 에이미: 세 절의 역할을 정리해볼게요. 8절은 CHARTS 프레임워크로 목차의 논리적 구조를 설계하는 방법, 9절은 독자 관점에서 목차를 다듬는 법, 10절은 AI와 함께 목차를 고도화하는 실전입니다. 구조 - 독자 - AI 순서로 MECE하게 구성되어 있어요. 다만 8절 제목 'CHARTS로 만드는 궁극의 목차 구조'가 좀 딱딱합니다.
- 나: 맞아. 8절 제목을 더 매력적으로 바꾸고 싶어. 클라라, 독자의 호기심을 자극하면서 CHARTS를 살리는 제목 3가지를 제안해줘.
- 클라라:

  1) 무너지지 않는 목차, CHARTS

  2) CHARTS, 목차 설계의 비밀 병기

  3) 흔들림 없는 목차를 만드는 6가지 원칙

     

- 나: 첫 번째가 좋네. '무너지지 않는 목차'라는 표현이 독자의 불안을 건 드리면서 해결책을 암시해. 그걸로 가자.

...

- 나: 에이미, 3장에서 4장으로 넘어가는 흐름이 자연스러운지 봐줘. 3장은 '목차'로 끝나고, 4장은 '초고 기획서'로 시작하는데.
- 에이미: 자연스럽습니다. 목차가 완성되면 그다음 단계가 초고 기획서니까요. 다만 4장 제목 "타이핑? 이젠 말로 쓴다"가 초고 기획서와 연결이 약해 보여요. 초고 기획서를 직접 언급하는 게 나을 것 같습니다.
- 나: 그렇네. 4장 제목을 "책의 설계도, 초고 기획서"로 바꾸면 어때?
- 에이미: 훨씬 명확합니다. 3장 '목차' → 4장 '초고 기획서' → 5장 '초고 풍부화'로 단계가 선명하게 보여요.

이런 식으로 에이미와 클라라를 오가며 목차를 점진적으로 개선합니다. 에이미에게는 구조와 논리를, 클라라에게는 문장과 표현을 맡깁니다.

## 실전: 7일 만에 완성하는 목차 만들기

지금까지 3장에서 배운 내용을 정리해보겠습니다. 8절에서는 CHARTS 프레임워크로 목차의 논리적 구조를 설계하는 방법을 배웠습니다. 9절에서는 독자를 사로잡는 목차의 법칙을 이해했습니다. 10절에서는 AI와의 대화로 목차를 고도화하는 실행법을 익혔습니다. 이제 이 모든 내용을 하나로 엮어, 실제로 목차를 완성하는 7일 플랜을 제시하겠습니다.

- 1일~2일: CHARTS로 목차 초안을 만듭니다. 첫날은 Concept를 정렬하고 Hierarchy를 세우는 데 집중하세요. 여러분이 책에서 다룰 핵심 개념들을 모두 나열하고, 이것들을 장과 절로 계층화합니다. 둘째 날은 Audience 관점으로 배열하고 Thematic 일관성을 확인합니다. 독자가 읽기 쉬운 순서로 절을 재배치하고, 모든 절이 책의 핵심 테마를 지지하는지 점검합니다.
- 3일~4일: 독자 관점으로 목차를 다듬습니다. 셋째 날은 절 제목을 점검하세요. 각 제목이 구체적이고 매력적인지, 독자에게 명확한 가치를 약속하는지 확인합니다. 넷째 날은 흐름과 리듬을 점검합니다. 장에서 장으로, 절에서 절로 넘어가는 흐름이 자연스러운지 확인합니다.
- 5일~6일: AI와 함께 목차를 고도화합니다. 다섯째 날은 에이미에게 전체 평가를 요청하고, 구체적인 질문으로 목차를 해부합니다. 여섯째 날은 클라라에게 절 제목 대안을 요청하고

반복적으로 다듬습니다. 이 과정을 2~3번 반복하면 목차는 완전히 다른 수준으로 발전합니다.

- 7일: 최종 점검과 확정입니다. 목차를 처음부터 끝까지 천천히 읽어보세요. 독자의 입장에서 읽으며 이런 질문들을 스스로에게 던집니다. 이 목차가 독자에게 명확한 약속을 하는가? 흐름이 자연스러운가? 모든 질문에 자신 있게 답할 수 있다면, 목차는 완성된 것입니다.

목차를 AI와 함께 완성하는 과정은 단순히 목차를 예쁘게 만드는 작업이 아닙니다. 이것은 책 전체의 논리를 다지고, 독자의 여정을 설계하며, 메시지의 흐름을 완성하는 과정입니다. 그리고 기억하세요. AI도 역할을 나눠야 제대로 일합니다. 기획은 에이미에게, 문장은 클라라에게. 이 조합만 알아도 여러분은 혼자서 기획자와 작가를 동시에 둔 셈입니다.

이제 여러분은 3장의 전 과정을 마쳤습니다. 목차가 완성되었다면, 이제 진짜 글쓰기가 시작됩니다. 4장에서는 초고를 가장 빠르고 자연스럽게 만드는 방법을 다루겠습니다.

에이미, 이 목차를 보고 전체적인 평가를 해줘.
3장과 4장 연결이 자연스러운지 봐줘.

목차를 분석해볼게요.

3장 "목차부터 제대로 짜야 산다"와
4장 "타이핑? 이젠 말로 쓴다" 사이에 문제가 있어요.

3장 마지막이 "목차 완성"인데,
4장이 갑자기 "말로 쓴다"로 넘어가면
독자가 '목차 다음이 뭐지?' 하고 혼란스러울 수 있어요.

그러네. 4장 제목을 바꿔야겠다.

"책의 설계도, 초고 기획서"는 어때요?
목차 → 초고 기획서 → 초고 작성
이 흐름이 자연스러워져요.

…중략…

4장 제목 "책의 설계도, 초고 기획서"로 확정할까요?

# 책의 설계도, 초고 기획서

**4장**

주제도 정했고, 목차도 만들었습니다. 이제 진짜 글을 써야 합니다. 그런데 막상 빈 화면 앞에 앉으면 손이 멈춥니다. 타이핑이 어색하고, 문장이 막히고, 결국 다시 미루게 됩니다. 4장에서는 이 막막함을 완전히 해결합니다. 초고 기획서로 책의 설계도를 완성하고, 21일 실행 플랜으로 완주 전략을 세우고, 말하기와 AI를 활용해 1시간 만에 한 절을 끝내는 방법을 배웁니다.

# Outline Proposal, 초고 기획서 완성

## 초고 기획서는 책의 설계도입니다

건물을 지을 때 설계도가 필요하듯, 책을 쓸 때도 설계도가 필요합니다. 초고 기획서는 여러분의 책이 어떤 구조로, 어떤 흐름으로, 어떤 메시지를 담아 완성될지를 미리 그려보는 작업입니다.

저는 수많은 사람과 함께 책을 쓰는 과정에서 초고 기획서의 중요성을 절감했습니다. 처음에는 저도 '주제 선언문과 목차만 있으면 되지 않을까?'라고 생각했습니다. 하지만 그것만으로는 부족했습니다. 목차는 뼈대일 뿐, 그 뼈대에 어떤 살을 붙일지, 어떤 이야기를 담을지는 별도로 정리해야 했습니다.

그래서 개발한 것이 바로 초고 기획서 포맷입니다. 이 포맷은 AI
와 함께 책을 쓸 때 가장 핵심적인 도구입니다. 초고 기획서를 만들
면 여러분은 비로소 '내가 무엇을 쓰고 있는지' 명확히 알 수 있습
니다.

## 초고 기획서의 7가지 핵심 요소

초고 기획서는 크게 7개 항목으로 구성됩니다. 각 항목은 여러분의
책이 완성되기까지 필요한 중요한 정보를 담고 있습니다.

첫 번째는 주제 선언문입니다. 2장에서 만든 주제 선언문을 그대
로 가져옵니다. 책을 쓰는 내내 이 선언문을 계속 확인해야 합니다.
글을 쓰다 보면 방향을 잃기 쉬운데, 주제 선언문이 나침반 역할을
해줍니다.

두 번째는 최종 목차입니다. 3장에서 설계한 목차를 전문 삽입
합니다. 여기에는 각 절의 100자 요약도 함께 포함됩니다. 이 요약
문들이 매우 중요합니다. 각 절이 무엇을 전달해야 하는지를 한눈
에 보여주기 때문입니다.

세 번째는 집필 목적과 독자 정의입니다. 왜 이 책을 쓰는지, 누
구를 위해 쓰는지를 다시 한번 명확히 합니다. 여기서 독자 페르소
나도 구체적으로 정리합니다. 실존하는 사람처럼 이름, 나이, 직업,

   

고민을 설정하면 글을 쓸 때 훨씬 구체적으로 쓸 수 있습니다.

네 번째는 핵심 메시지 구조입니다. 책 전체를 관통하는 3~5개의 핵심 메시지를 정리합니다. 이 메시지들이 어떻게 연결되는지, 어떻게 반복 강화할 것인지도 함께 기록합니다. 좋은 책은 하나의 명확한 메시지를 여러 방식으로 반복해서 전달합니다.

다섯 번째는 책 형식과 절 구조입니다. 이 책이 어떤 형식의 책인지 한 문장으로 정의하고, 모든 절이 따를 기본 패턴을 설정합니다. 예를 들어 이 책은 '문제 제기 → 핵심 원리 설명 → AI 적용 방법 → 독자 실천 가이드'라는 패턴을 따릅니다.

여섯 번째는 핵심 규칙입니다. 할루시네이션(hallucination: AI 모델이 생성하는 잘못되거나 오해의 소지가 있는 결과) 방지 규칙, 용어 일관성 규칙, 구조적 일관성 규칙 등 집필 과정에서 지켜야 할 최소한의 원칙을 정합니다. 이 규칙들은 AI와 협업할 때 특히 중요합니다. AI에게 이 규칙들을 명확히 전달하면 일관성 있는 원고를 만들 수 있습니다.

일곱 번째는 문체 정의입니다. 화자와 시점, 전체 분위기, 대표 문장 샘플을 정리합니다. 이것은 책의 톤을 결정하는 부분입니다. AI와 협업할 때 이 문체 샘플을 제공하면 AI가 여러분의 톤으로 글을 작성해줍니다.

## AI와 함께 초고 기획서 만들기

초고 기획서를 처음 만드는 분들을 위해 단계별 방법을 안내하겠습니다. 먼저 새 문서를 열고 7개 항목 제목을 모두 적어두세요. 이것이 빈 캔버스입니다.

주제 선언문과 목차는 이미 만들어져 있으니 그대로 복사해서 붙여넣으면 됩니다. 이 두 항목은 5분이면 완성됩니다.

집필 목적과 독자 정의 항목은 여러분이 주도하되 AI와 대화하며 명확하게 만들어갑니다. "나는 이런 이유로 이 책을 쓰고 싶어"라고 AI에게 말하세요.

그러면 AI가 다음과 같은 질문을 던지며 여러분의 생각을 깊이 있게 이끌어냅니다.

"그 이유를 좀 더 구체적으로 설명해줄 수 있어요?"

"독자에게는 어떤 변화를 주고 싶으세요?"

독자 페르소나를 만들 때는 "내 책을 읽을 사람은 이런 사람이야"라고 먼저 설명하고, AI에게 "이 사람이 가질 구체적인 고민을 더 상상해볼 수 있을까?"라고 요청하세요.

핵심 메시지 구조는 주제 선언문을 바탕으로 만듭니다. AI에게 "내 주제 선언문을 보고 이 책이 전달해야 할 핵심 메시지 3~5개를 뽑아줘"라고 요청하세요. AI가 제안한 메시지들을 보면서 여러분의 언어로 다시 다듬으면 됩니다.

책 형식과 절 구조는 여러분이 쓰고 싶은 책의 스타일을 결정하는 부분입니다. "실전형 가이드북", "대화형 코칭북", "사례 중심 분석서" 등 여러분의 책이 어떤 형식인지 정의하세요. 절 기본 패턴도 여러분이 원하는 전개 방식을 정하면 됩니다.

핵심 규칙과 문체 정의는 조금 더 세심하게 만들어야 합니다. 특히 AI와 협업할 때는 이 부분이 매우 중요합니다.

"허구로 만들지 말 것."

"용어를 일관되게 사용할 것."

이런 규칙을 명확히 적어두면 AI가 이를 따라줍니다. 문체 샘플도 여러분의 실제 말투가 담긴 문장으로 만들어두면 AI가 그 톤을 유지해줍니다.

초고 기획서를 한 번 만들었다고 끝이 아닙니다. 이것은 살아 있는 문서입니다. 집필하면서 계속 수정하고 보완해야 합니다.

AI에게 초고 기획서 전체를 보여주고 이렇게 요구해 보세요.

"이 초고 기획서를 보고 빠진 부분이나 보완할 부분을 찾아줘."

AI는 여러분이 놓친 관점을 발견해줍니다.

"독자 여정이 명확하지 않네요."

"핵심 메시지들이 어떻게 연결되는지 설명이 부족해요."

이런 피드백을 줍니다.

AI와 대화하면서 초고 기획서를 계속 다듬어가세요. 특히 집필 목적과 핵심 메시지는 여러 번 수정하게 됩니다. 글을 쓰면서 생각이 명확해지기 때문입니다. 이것은 자연스러운 과정입니다.

초고 기획서가 80% 정도 완성되었다고 느껴지면 본격적인 집필을 시작할 수 있습니다. 완벽을 추구하느라 너무 오래 머물지 마세요. 초고 기획서의 목적은 완벽한 계획이 아니라 집필을 시작할 수 있게 만드는 것입니다.

## 초고 기획서와 AI 협업의 위력

초고 기획서의 진짜 위력은 AI와 협업할 때 발휘됩니다. 여러분이 AI에게 "5절을 써줘"라고만 요청하면 AI는 맥락 없이 글을 씁니다. 하지만 초고 기획서를 함께 제공하면 완전히 달라집니다.

AI에게 이렇게 말하세요.

"여기 초고 기획서가 있어. 이 책의 주제, 독자, 핵심 메시지, 문체를 모두 담고 있어. 이 초고 기획서를 참조해서 5절을 써줘."

그러면 AI는 여러분의 책 전체 맥락을 이해하고, 일관된 톤으로, 독자에게 맞춘 내용을 작성해줍니다.

초고 기획서는 AI의 메모리 역할을 합니다. AI는 대화가 길어지면 앞의 내용을 잊어버리는데, 초고 기획서를 계속 참조하게 하면 처음부터 끝까지 일관성을 유지합니다.

여러분이 여러 절을 다른 시간에 쓰더라도 초고 기획서를 항상 함께 제공하면 모든 절이 하나의 책처럼 연결됩니다. 이것이 바로 초고 기획서의 위력입니다.

## 심리적 나침반으로서의 초고 기획서

초고 기획서의 가장 큰 효과는 실은 심리적인 부분입니다. 책을 쓴다는 것은 막막한 여정입니다. 끝이 보이지 않는 것 같고, 내가 제대로 가고 있는지 확신이 서지 않습니다.

하지만 초고 기획서가 있으면 다릅니다. 여러분은 지도를 들고 여행하는 사람입니다. 지금 어디쯤 와 있는지, 앞으로 어디로 가야 하는지, 언제쯤 도착할지가 보입니다. 이 명확함이 여러분을 끝까지 가게 만듭니다.

실제 집필 과정을 함께한 분 중 많은 분이 다음과 같이 말씀하셨습니다.

"초고 기획서를 만들고 나니 비로소 책을 쓸 수 있을 것 같았어요."

"매일 초고 기획서를 보면서 방향을 확인했어요."

"초고 기획서가 없었다면 중간에 포기했을 거예요."

초고 기획서는 단순한 문서가 아닙니다. 여러분이 길을 잃지 않도록 지켜주는 나침반이고, 흔들릴 때 다시 중심을 잡게 해주는 버팀목입니다.

## 지금 바로 시작하세요

———

이제 여러분 차례입니다. 지금까지 만든 주제 선언문과 목차를 앞에 펼쳐두세요. 그리고 빈 문서를 열어 7개 항목의 제목을 적으세요. AI와 함께 대화하면서 하나씩 채워가세요.

완벽하지 않아도 됩니다. 처음에는 80% 정도만 채워도 충분합니다. 중요한 것은 만드는 것입니다. 초고 기획서를 만들면 여러분은 드디어 실제 원고를 쓸 준비가 된 것입니다.

## 이 책의 초고 기획서 엿보기

———

실제로 이 책도 초고 기획서를 만들어 집필했습니다. 여러분이 방금 배운 7개 항목 구조를 그대로 적용했습니다. 핵심 내용을 간단히 보여드리겠습니다.

- **주제 선언문**: AI와 함께라면 누구나 책을 쓸 수 있다. 책을 쓰고 싶지만 막막함, 두려움, 시간 부족으로 시작을 미뤄온 사

람들을 위한 책…

- **최종 목차:** 1장. 책, 나도 쓸 수 있을까? | 2장. 뭘 써야 할지 모르겠어요 | 3장. 목차부터 제대로 짜야 산다…

- **집필 목적:** AI 기반 대화형 글쓰기 방식을 통해 누구나 책을 쓰는 과정을 구조화하고, 시작을 막는 두려움·막막함·시간 부족을 해결…

- **타깃 독자:** 책쓰기를 꿈꾸지만 시작하지 못한 입문자들. 전문가, CEO, 직장인, 시니어 등…

- **핵심 메시지:** 1) AI와 함께라면 누구나 책을 쓸 수 있다. 2) 책쓰기의 성패는 재능이 아니라 구조로 결정된다. 3) 말하기 기반의 AI 대화형 글쓰기는 초보자의 가장 큰 어려움을 해결한다…

- **책 형식:** AI 대화형 글쓰기를 통해 초보자도 완주할 수 있도록 돕는 실전형 책쓰기 입문서

- **문체:** AI 코칭을 받듯 친근하면서도 명확하고 실전적인 톤.
  "여러분이 글쓰기를 어려워하는 이유는 재능이 부족해서가
  아닙니다. 문장을 받쳐줄 구조가 없기 때문입니다…"

이 초고 기획서가 있었기에 1장부터 8장까지 일관된 메시지와
톤을 유지하며 집필할 수 있었습니다.

**이 책의 전체 초고 기획서는 부록 C에서 확인할 수 있습니다.**

# 현실적인
# 집필 플랜 만들기

## 21일이면 충분합니다

초고 기획서를 만들었습니다. 이제 책을 쓸 준비가 되었습니다. 그런데 여전히 한 가지 질문이 남습니다.

"언제까지 끝낼 것인가?"

이 질문에 명확한 답이 없으면 책은 완성되지 않습니다. '시간 날 때 쓰면 되지'라고 생각하는 순간 여러분의 책은 영원히 완성되지 않습니다. 시간은 저절로 나지 않습니다. 여러분이 만들어야 합니다.

실행 로드맵은 바로 이 질문에 대한 답입니다. 구체적인 날짜, 구체적인 계획, 구체적인 실행 방법을 담은 완주 전략입니다.

많은 사람이 책 한 권을 쓰려면 최소 6개월은 필요하다고 생각합니다. 하지만 AI와 함께라면 훨씬 빠릅니다. 실제로 집필 과정을 함께한 분 중 많은 분이 3주에서 한 달 안에 초고를 완성했습니다.

20개 절, 한 절당 5,000자라고 가정해봅시다. 총 10만 자입니다. 엄청난 분량처럼 보입니다. 하지만 하루에 한 절씩 쓴다면 20일이면 완성됩니다. AI와 함께라면 한 절에 2시간이면 충분합니다.

'하루 2시간씩 20일 연속으로? 그게 가능해?'라고 생각하실 수 있습니다. 물론 현실적으로 매일 쓸 수는 없습니다. 그래서 버퍼를 둡니다. 일주일에 5일 쓴다고 가정하면 4주, 즉 한 달이면 완성됩니다.

여기서 핵심은 '빠르게 완성할 수 있다'는 가능성을 보는 것입니다. 6개월이 아니라 한 달입니다. 이 차이가 심리적으로 큽니다. '한 달이면 되네'라고 생각하는 순간 시작할 수 있습니다.

## 역산으로 구체적 날짜를 정하세요

실행 로드맵의 첫 단계는 완성 날짜를 정하는 것입니다. 막연하게 '한 달 후'가 아니라 구체적인 날짜가 좋습니다. 2025년 12월 25일처럼 명확하게 정하세요.

완성 날짜가 정해지면 역산합니다. 오늘이 11월 25일이고 완성 날짜가 12월 25일이라면 정확히 30일입니다. 20개 절을 30일에 완성하려면, 주 5일 작업 기준으로 주당 5개 절을 써야 합니다. 월요일부터 금요일까지 하루 한 절씩 쓰면 됩니다.

이게 가능한가요? 한 절에 2시간이 걸린다면 하루 2시간씩 투자하면 됩니다. 주말은 쉬고, 평일만 쓰는 것입니다. 이 정도면 충분히 가능합니다.

만약 부담스럽다면 완성 날짜를 2개월로 늘리세요. 그러면 일주일에 2~3개 절만 쓰면 됩니다. 더 여유롭습니다. 중요한 것은 구체적인 계산입니다. '대충 열심히 하면 되겠지'가 아니라 '매주 월, 수, 금에 한 절씩 쓴다'는 명확한 계획입니다.

## AI에게 계획을 맡기세요

여러분이 직접 복잡한 계산을 할 필요가 없습니다. AI에게 맡기면 됩니다. AI와 이렇게 대화하세요.

"나는 20개 절, 1절에 5,000글자 책을 쓰려고 해. 완성 날짜는 12월 31일이야. 나는 평일 저녁 7시부터 9시까지 2시간 쓸 수 있고, 주말에는 토요일 오전 3시간 쓸 수 있어. 현실적인 주간 계획을 만들어줘."

AI는 즉시 계산해서 제안합니다.

"평일 2시간이면 한 절 작성 가능합니다. 주 5회 평일 작업으로 주당 5절 완성 가능하며, 4주면 20절 완성됩니다. 12월 31일까지 충분한 여유가 있습니다."

AI의 계획을 보면서 조정하세요.

"주 4절은 부담스러워. 주 3절로 줄여줘."

이렇게 대화하면 AI가 다시 계산해줍니다. 이 과정이 10분이면 끝납니다.

AI는 또한 주차별 세부 계획도 만들어줍니다.

"1주차: 1절~3절 완성, 2주차: 4절~6절 완성"

이런 식으로 전체 로드맵을 시각화해줍니다. 여러분은 이것을 보면서 '아, 이 정도면 할 수 있겠네'라고 확신하게 됩니다.

## 빠르게 쓰는 3가지 비밀

실행 로드맵을 세웠습니다. 이제 실제로 빠르게 쓰는 방법을 알아야 합니다. 여기 3가지 비밀이 있습니다.

첫 번째 비밀, 말하기가 타이핑보다 3배 빠릅니다. 여러분이 타이핑으로 글을 쓰면 분당 몇 글자를 쓸 수 있나요? 빠른 사람도 분당 100자 정도입니다. 보통 사람은 50자 정도입니다. 하지만 말로 하면 분당 150~200자를 말할 수 있습니다. 타이핑보다 3배 빠릅니다. 10분 말하면 1,500자가 나옵니다. 30분 말하면 한 절 분량인 4,500자가 나옵니다.

두 번째 비밀, 완벽하게 쓰지 말고 쏟아내세요. 많은 사람이 첫 문장부터 완벽하게 쓰려고 합니다. 그래서 느려집니다. 초고는 초고입니다. 지저분해도 됩니다. 나중에 고치면 됩니다. 지금은 빠르게 완성하는 것이 목표입니다. 한 절을 3일 동안 완벽하게 쓰는 것보다, 하루에 80%만 완성하고 넘어가는 것이 낫습니다.

세 번째 비밀, AI에게 정리를 맡기세요. 여러분이 말로 쏟아낸 내용을 AI에게 주면 AI가 정리합니다. 중복을 제거하고, 구조를 잡아주고, 문어체로 바꿔줍니다. 여러분은 30분 말하고, AI에게 정리를 맡기면 됩니다. AI가 10분 안에 정리해줍니다. 총 40분이면 한 절이 완성됩니다.

이 3가지 비밀을 조합하면 놀라운 일이 일어납니다. 타이핑으로 2시간 걸리던 일이 말하기로는 40분이면 끝납니다. 3배 빠른 것이 아니라 실제로는 그 이상입니다. 왜냐면 타이핑할 때는 자주 멈추고 고민하지만, 말할 때는 흐름이 끊기지 않기 때문입니다.

## 진행 상황을 시각화하세요

———

빠르게 완성하는 사람들의 공통점은 진행 상황을 눈으로 본다는 것입니다. 간단한 체크리스트를 만드세요.

☐ 1절(목표: 11/25, 완료: 11/25) ✓

☐ 2절(목표: 11/27, 완료: 11/27) ✓

☐ 3절(목표: 11/29, 완료: ____)

☐ 4절(목표: 12/2, 완료: ____)

···

이 리스트를 매일 봅니다. 체크 표시가 늘어나는 것을 보면 동기 부여가 됩니다. '벌써 8개를 완성했네. 3분의 1이 끝났어!' 이 감각이 여러분을 계속 움직이게 만듭니다.

AI에게 매주 요청하세요.

"내 진행 상황을 정리해줘."

그러면 AI가 다음과 같이 알려줍니다.

"이번 주 목표는 4절이었는데 3절 완성했습니다. 진행률 75%입니다. 전체 진행률은 33%입니다."

이 피드백이 여러분을 계속 깨어 있게 만듭니다.

## 계획대로 되지 않을 때

———

계획대로 되지 않을 때가 있습니다. 예상보다 어떤 절이 오래 걸리거나, 갑자기 바빠서 일주일을 쓰지 못할 수도 있습니다. 이것은 자연스러운 일입니다.

중요한 것은 즉시 조정하는 것입니다. 일주일 밀렸다면 완성 날짜를 일주일 뒤로 미루세요. 아니면 남은 기간에 조금 더 집중해서 따라잡으세요. 계획은 고정된 것이 아닙니다. 상황에 맞게 유연하게 바꾸면 됩니다.

AI에게 "계획이 밀렸어. 조정해줘"라고 말하면 AI가 새로운 계획을 제안합니다.

"완성 날짜를 2주 연장하면 주당 2절로 여유 있게 완성 가능합니다."

이렇게 즉시 대안을 제시받으면 포기하지 않고 계속할 수 있습니다.

중요한 것은 완성입니다. 4주 만에 완성하든 8주 만에 완성하든 상관없습니다. 완성하는 사람이 이기는 것입니다.

## 지금 바로 30일 계획을 세우세요

———

이제 여러분 차례입니다. AI와 대화창을 열어주세요. 그리고 이렇게 말하세요.

"나는 [X]개 절짜리 책을 쓰려고 해. 나는 하루에 [X]시간 쓸 수 있어. 30일 안에 초고를 완성하고 싶어. 현실적인 실행 로드맵을 만들어줘."

AI가 계획을 제안하면 여러분이 조정하세요. 그리고 완성 날짜를 달력에 표시하세요. 그 날짜를 향해 출발하는 것입니다.

완벽한 계획은 필요 없습니다. 80% 완성된 계획이면 충분합니다. 중요한 것은 지금 시작하는 것입니다. 실행 로드맵이 있으면 여러분은 더 이상 '언제 쓸까?' 고민하지 않습니다. 오늘 할 일이 명확하기 때문입니다.

다음 절에서는 실제로 초고를 쓰는 구체적인 방법을 다루겠습니다. 말하기와 AI를 활용해 1시간이면 한 절을 완성하는 전체 프로세스입니다. 실행 로드맵이 준비되었다면 이제 본격적으로 빠르게 쓸 시간입니다.

# 말하기와 AI로
# 초고 완성하기

## 왜 말하기인가?

실행 로드맵을 만들었습니다. 이제 본격적으로 글을 쓸 차례입니다. 하지만 많은 사람이 이 단계에서 다시 막힙니다. 빈 화면 앞에 앉아 커서만 깜박이는 것을 보면 무엇을 써야 할지 막막해집니다.

여러분이 글쓰기를 어렵게 느끼는 이유는 간단합니다. 타이핑으로 쓰려고 하기 때문입니다. 타이핑은 느리고 부자연스럽습니다. 생각을 문장으로 바꾸고, 문장을 손가락 움직임으로 바꾸는 이중 작업이 필요합니다. 이 과정에서 생각이 끊기고, 흐름이 막힙니다.

하지만 말하기는 다릅니다. 여러분은 이미 말하기의 천재입니다.

친구와 이야기할 때, 회의에서 발표할 때, 여러분은 막힘없이 말합니다. 그 말하기 능력을 글쓰기에 활용하는 것입니다.

이 절에서는 말하기와 AI를 활용해 1시간이면 한 절을 완성하는 전체 프로세스를 다룹니다. 브레인덤프(Brain Dump)에서 구조화까지, 초보자도 바로 실행할 수 있는 구체적인 방법을 알려드리겠습니다.

타이핑과 말하기의 속도 차이가 얼마나 날까요? 여러분이 타이핑으로 글을 쓰면 분당 몇 글자를 쓸 수 있나요? 빠른 사람도 분당 100자 정도입니다. 보통 사람은 50자 정도입니다. 1시간 쓰면 3,000자입니다. 한 절 5,000자를 쓰려면 거의 2시간이 걸립니다.

하지만 말로 하면 다릅니다. 여러분은 분당 150~200자를 말할 수 있습니다. 타이핑보다 3배 빠릅니다. 10분 말하면 1,500자가 나옵니다. 30분 말하면 한 절 분량인 4,500자가 나옵니다.

'30분 말한다고 절이 완성돼?'라고 생각하실 수 있습니다. 물론 여러분이 말한 내용을 그대로 쓸 수는 없습니다. 말은 중복이 많고, 구조가 느슨하고, 문어체가 아닙니다. 하지만 여기서 AI가 등장합니다.

여러분이 말로 쏟아낸 내용을 AI에게 주면 AI가 정리합니다. 중복을 제거하고, 구조를 잡아주고, 문어체로 바꿔줍니다. 여러분은 30분 말하고, AI에게 정리를 맡기면 됩니다. AI가 10분 안에 정리해줍니다. 총 40분이면 한 절이 완성됩니다.

말하기 글쓰기의 또 다른 장점은 브레인덤프가 쉽다는 것입니다. 브레인덤프는 머릿속에 있는 모든 생각을 아무 여과 없이 쏟아내는 것을 말합니다. 타이핑으로 브레인덤프하려면 손가락이 생각을 따라가지 못합니다. 하지만 말로 하면 생각의 속도 그대로 쏟아낼 수 있습니다.

이제 구체적인 프로세스를 알려드리겠습니다. 5단계입니다. 각 단계는 명확하고, 실행 가능하며, AI와 함께 진행합니다.

## 1단계: 자유롭게 말하기(10분)

---

한 절을 쓰기 전에 브레인덤프를 하세요. "이 절에서 말하고 싶은 것들이 뭐가 있지?" 하고 자문하면서 떠오르는 모든 것을 말로 쏟아내세요. 10분이면 충분합니다.

방법은 두 가지입니다.

첫 번째 방법은 음성 녹음입니다. 스마트폰의 음성 녹음 기능을 켜고 그냥 말하세요. 완벽한 문장으로 말할 필요 없습니다.

"이 절에서 뭘 말하고 싶지? 음…, 독자들이 목차 만들 때 제일 어려워하는 게 뭐지? 아, 순서 정하기지. 어떤 내용을 먼저 쓰고 어떤 내용을 나중에 써야 할지 모르겠다는 거야. 그래서 CHARTS

프레임워크를 쓰면…”

이런 식으로 그냥 떠오르는 대로 말하세요.

두 번째 방법은 AI와 직접 음성으로 대화하는 것입니다. 챗GPT 모바일 앱을 열어서 음성 버튼을 누르고 말하세요.

“지금 5절을 쓰려고 하는데, 이 절에서 다룰 내용을 자유롭게 말할게. 듣고 정리해줘.”

그리고 10~15분 동안 생각나는 대로 말하면 AI가 실시간으로 듣고 받아적습니다.

직접 AI와 대화하는 방식의 장점은 AI가 중간중간 질문을 던진다는 것입니다.

“그 부분을 좀 더 구체적으로 설명해줄 수 있어요?”

“독자들이 그 지점에서 어떤 질문을 할까요?”

이런 질문을 받으면 여러분의 생각이 더 깊어집니다.

어떤 방식을 선택하든 중요한 것은 멈추지 않는 것입니다.

‘이게 맞나?’

‘표현이 이상한데?’

이런 생각은 하지 마세요. 일단 쏟아내세요. 10~15분 정도 말하면 충분합니다. 한 절의 핵심 내용이 모두 나옵니다.

브레인덤프를 하면 신기한 일이 일어납니다. 말하다 보면 생각이 명확해집니다.

'아, 내가 이 절에서 진짜 말하고 싶은 건 이거였구나.'

이런 깨달음이 옵니다. 처음에는 막연했던 생각이 말로 표현되는 순간 구체화됩니다.

## 2단계: 텍스트로 변환하기(5분)

음성 녹음을 했다면, 녹음 파일을 텍스트로 변환해야 합니다. 여러분이 녹음한 파일을 AI에게 주면 AI가 텍스트로 변환해줍니다. 클로바노트, 네이버 클로바, 구글 음성인식 등 다양한 도구를 사용할 수 있습니다. 최근에는 정확도가 매우 높아서 거의 100% 가까이 정확하게 변환됩니다.

변환된 텍스트를 보면 여러분이 말한 내용이 그대로 글자로 옮겨져 있습니다. 중복도 많고, "음~", "어~" 같은 군더더기 말도 있고, 문장이 끊어지기도 합니다. 괜찮습니다. 이것이 원재료입니다.

AI에게 직접 음성으로 말했다면 더 간단합니다. 이미 AI가 여러분의 말을 텍스트로 받아적었기 때문입니다. 대화가 끝나면 AI에게 바로 다음 단계를 요청하면 됩니다.

## 3단계: 아이디어 묶고 분류하기(10분)

이제 여러분 앞에는 10~15분 동안 쏟아낸 날것의 텍스트가 있습니다. 이것을 AI에게 보여주고 정리를 시작합니다.

AI에게 이렇게 요청하세요.

"이 내용에서 비슷한 주제끼리 묶어줘. 큰 덩어리 3~5개 정도로 분류해줘."

AI는 여러분이 말한 내용을 분석해서 주제별로 묶어줍니다.

- 목차의 논리 구조
- 독자 이해 순서
- CHARTS 프레임워크 설명
- 실전 적용 방법

이런 식으로 카테고리를 만들어줍니다.

AI가 분류한 결과를 보면서 여러분이 판단하세요.

"이 두 개는 합치는 게 좋겠어."

"이건 빼는 게 낫겠어."

"이 순서를 바꾸자."

이런 피드백을 주세요. AI는 여러분의 피드백을 반영해서 다시 정리해줍니다.

그다음 AI에게 요청하세요.

"각 덩어리의 핵심 메시지를 한 문장으로 정리해줘"

그러면 AI가 각 항목이 말하고자 하는 바를 명확히 해줍니다.

이 과정에서 여러분은 자신이 말한 내용을 객관적으로 볼 수 있습니다.

'아, 내가 이 부분을 세 번이나 반복했네.'

'이 내용은 너무 빈약한데.'

'이 순서는 바꿔야겠어.'

이렇게 판단할 수 있습니다.

마지막으로 AI에게 물어보세요.

"이 절에서 다뤄야 하는데 빠진 내용이 있을까?"

AI는 초고 기획서와 목차를 참조해서 다음과 같은 피드백을 줍니다.

"독자 실천 가이드 부분이 빠진 것 같습니다."

"구체적인 예시가 필요해 보입니다."

빠진 부분을 발견하면 그 자리에서 추가로 말하세요.

"아, 독자 실천 가이드를 빼먹었네. 그럼 이렇게 하면 돼…"

이렇게 2~3분 더 말하면 됩니다. 그러면 AI가 그 내용을 적절한 위치에 추가해줍니다.

## 4단계: 구조화하고 다듬기(20분)

———

아이디어를 묶고 분류했습니다. 이제 이것을 하나의 흐르는 글로 만들 차례입니다. AI에게 본격적인 정리를 요청합니다.

"지금까지 정리한 내용을 바탕으로 5,000자 분량의 절 초고를 써줘. 소제목 4개로 나누고, 각 소제목은 볼드체로 표시해줘. 문어체로 자연스럽게 쓰되, 대화하듯 친근한 톤을 유지해줘. 초고 기획서의 문체 샘플을 참고해서 써줘."

AI가 초고를 작성합니다. 10분 정도 기다리면 완성된 초고가 나옵니다. 여러분이 말로 쏟아냈던 내용이 논리적으로 정리되고, 문장으로 다듬어지고, 소제목으로 구조화된 절이 됩니다.

초고를 읽어보세요. 처음부터 끝까지 쭉 읽으면서 흐름을 확인하세요. 대부분은 만족스러울 것입니다. 하지만 몇 군데는 수정하고 싶을 것입니다.

'이 문장은 너무 딱딱해.'

'이 예시는 다른 걸로 바꾸고 싶어.'

'이 순서는 좀 이상해.'

여러 가지 생각이 들 것입니다.

AI에게 구체적으로 수정을 요청하세요.

"두 번째 소제목 아래 첫 문단을 좀 더 쉽게 풀어 써줘."

"세 번째 소제목과 네 번째 소제목의 순서를 바꿔줘."

"마지막 문단에 독자를 독려하는 문장을 추가해줘."

이런 식으로 구체적으로 말하면 AI가 즉시 수정해줍니다.

수정을 몇 번 거치면 여러분이 원하는 모습의 초고가 완성됩니다.

## 5단계: 초고 완성 및 저장(10분)

초고가 완성되었습니다. 마지막으로 전체를 한 번 더 읽어보세요. 흐름이 자연스러운지, 핵심 메시지가 명확한지, 독자가 이해하기 쉬운지 확인하세요.

만족스럽다면 파일로 저장하세요. 그리고 체크리스트에 체크 표시를 하세요.

"5절 완성 ✔"

중요한 것은 이 초고가 100% AI가 쓴 것이 아니라는 점입니다. 재료는 모두 여러분 머릿속에서 나왔습니다. 구조도 여러분이 결정했습니다. AI는 여러분의 생각을 정리하고 표현해주는 도우미 역할만 한 것입니다.

이 5단계 프로세스를 처음부터 끝까지 실행하면 1시간이면 한 절이 완성됩니다. 타이핑으로 2~3시간 걸리던 일을 1시간에 끝낼 수 있습니다.

## 실전 핵심 원칙

———

5단계 프로세스를 효과적으로 실행하려면 몇 가지 원칙을 지켜야 합니다.

첫째, 초고 기획서를 앞에 두고 말하세요. 아무 생각 없이 말하면 방향을 잃습니다. 초고 기획서를 보면서 '이 절의 핵심 메시지는 이거고, 독자에게 전달할 것은 이거야'를 확인하고 말하기 시작하세요. 그러면 말이 중심을 잡고 나갑니다.

둘째, 독자 한 명에게 말하듯이 하세요. 강연하듯 말하지 마세요. 친구에게 설명하듯 말하세요.

"있잖아, 목차 만들 때 제일 중요한 게 뭔지 알아?"

이런 톤으로 말하면 자연스럽고 따뜻한 글이 나옵니다. AI가 정리할 때 이 톤을 유지하라고 요청하면 됩니다.

셋째, 예시와 사례를 즉흥적으로 만들지 마세요. 말하다 보면 즉흥적으로 "예를 들어 스티브 잡스가…" 같은 말이 나올 수 있습니다. 하지만 이런 예시는 나중에 팩트 체크가 어렵습니다. 예시를 말하고 싶다면 "여기에 구체적인 사례가 필요해"라고 말만 해두고, 나중에 AI에게 사례를 찾아달라고 요청하세요.

넷째, 조용한 곳에서 말하세요. 카페나 시끄러운 곳에서 녹음하면 음성 인식 정확도가 떨어집니다. 집이나 사무실처럼 조용한 곳에서 녹음하는 것이 좋습니다. 차 안도 의외로 좋은 장소입니다. 출퇴근하면서 말하기 글쓰기를 하는 분들도 많습니다.

다섯째, 한 번에 완벽하게 말하려고 하지 마세요. 10분 말하고 나서 '아, 이 부분을 빠뜨렸네'라고 생각되면 다시 녹음해서 추가하면 됩니다. 여러 개의 녹음 파일을 AI에게 주면서 "이 파일들을 다 합쳐서 정리해줘"라고 하면 됩니다. AI는 여러 파일의 내용을 종합해서 하나의 절로 만들어줍니다.

말하기 글쓰기의 가장 큰 장점은 심리적 부담이 적다는 것입니다. 빈 화면을 보고 있으면 '뭘 써야 하지?'라는 압박감이 생깁니다. 하지만 말할 때는 그냥 생각나는 대로 말하면 됩니다. 훨씬 편안합니다. 이 편안함이 글쓰기를 지속 가능하게 만듭니다.

## 지금 바로 첫 절을 완성하세요

이론은 충분합니다. 이제 실천할 차례입니다. 스마트폰을 꺼내서 음성 녹음 앱을 여세요. 초고 기획서에서 첫 번째 절을 확인하세요. 그리고 녹음 버튼을 누르고 말하기 시작하세요.

처음에는 어색할 수 있습니다. '이게 맞나?' 싶을 수도 있습니다.

괜찮습니다. 일단 시작하세요. 10분만 말해보세요. 그리고 그 내용을 AI에게 정리시켜보세요. 결과를 보면 여러분은 놀랄 것입니다.

'내가 이렇게 많은 내용을 말했어?'

'생각보다 괜찮은데.'

한 절을 말하기로 완성하면 다음부터는 자신감이 생깁니다.

'아, 이렇게 하면 되는구나.'

두 번째 절은 더 수월하게 말할 수 있습니다. 세 번째, 네 번째로 갈수록 말하기 글쓰기가 자연스러워집니다.

같은 방식으로 브레인덤프하고, 묶고, 구조화하면 됩니다. 이 5단계 프로세스를 반복하면 한 주에 3~4개 절을 완성할 수 있습니다. 실행 로드맵대로 움직이면 한 달이면 20개 절이 모두 완성됩니다.

# 얇은 초고를 두껍게

**5장**

초고가 완성되었다고 책이 완성된 것은 아닙니다. 초고는 뼈대입니다. 독자가 읽고 공감하며 행동으로 옮기게 만드는 것은 그 뼈대에 살을 붙이는 작업입니다. 5장에서는 사례와 스토리, 객관적 근거로 내용을 확장하는 방법을 다룹니다. 그리고 전문성은 유지하면서도 따뜻하고 읽기 쉬운 문체로 다듬는 톤 강화 전략을 배웁니다. 이 단계를 거치면 여러분의 초고는 진짜 책의 모습을 갖추게 됩니다.

# 사례·스토리·근거의 자동 확장

## 초고가 완성되면 시작되는 진짜 작업

여러분이 초고를 완성했을 때, 저는 항상 이렇게 말씀드립니다.

"축하합니다. 이제 진짜 작업이 시작됩니다."

많은 분이 의아해하십니다. 초고를 완성하는 것만으로도 엄청난 성취인데, 이제 시작이라니요? 하지만 출간된 책과 초고의 차이를 만드는 것은 바로 이 단계, 풍부화 단계입니다.

초고는 여러분의 생각과 메시지를 담은 뼈대입니다. 하지만 독자늘이 실제로 읽고 공감하며 행동으로 옮기게 만드는 것은 그 뼈대에 살을 붙이는 작업입니다. 추상적인 개념을 구체적인 사례로 풀어내고, 논리를 객관적 근거로 뒷받침하며, 독자의 마음을 움직이는 스토리를 더하는 것. 이것이 풍부화의 본질입니다.

과거에는 이 작업이 가장 어렵고 시간이 오래 걸리는 단계였습니다. 적절한 사례를 찾기 위해 수십 권의 책을 뒤지고, 통계 자료를 찾기 위해 논문을 검색하고, 스토리를 풍부하게 만들기 위해 수없이 고쳐 썼습니다. 하지만 지금은 다릅니다. AI 도구들이 여러분의 초고를 분석하고, 필요한 사례와 근거를 제안하며, 스토리를 더 풍부하게 만드는 방법을 안내해줍니다.

## 풍부화의 3요소: 사례·스토리·근거

책의 깊이를 만드는 요소는 크게 세 가지로 나눌 수 있습니다. 첫째는 사례입니다. 여러분이 제시하는 개념이나 방법론을 실제로 적용한 구체적인 예시가 필요합니다. 독자들은 추상적인 설명보다 "이런 상황에서 이렇게 했더니 이런 결과가 나왔다"와 같은 구체적인 사례를 통해 이해합니다.

둘째는 스토리입니다. 사람들은 논리보다 이야기를 기억합니다. 여러분의 메시지를 담은 이야기, 독자가 공감할 수 있는 인물의 여정, 문제 상황과 해결 과정을 담은 서사가 있을 때 책은 훨씬 더 강렬하게 독자의 마음에 남습니다. 스토리는 여러분의 주장을 감정적으로 연결시키는 다리 역할을 합니다.

셋째는 근거입니다. 여러분의 주장이 단순한 의견이 아니라 신뢰할 수 있는 정보임을 보여주는 객관적 자료가 필요합니다. 연구 결과, 통계 데이터, 전문가의 견해, 검증된 사실 등이 여기에 해당합니다. 근거는 여러분의 메시지에 권위와 신뢰성을 더해줍니다.

문제는 이 세 가지 요소를 모두 갖추는 것이 쉽지 않다는 점입니다. 적절한 사례를 찾는 것도, 효과적인 스토리를 구성하는 것도, 객관적 근거를 수집하는 것도 상당한 시간과 노력이 필요합니다. 특히 여러분의 전문 분야가 아닌 영역의 자료를 찾아야 할 때는 더욱 어렵습니다.

하지만 AI 도구들은 이 과정을 획기적으로 단축시킵니다. 여러분의 초고를 분석해 어떤 부분에 사례가 필요한지, 어떤 주장에 근거가 부족한지, 어디에 스토리를 추가하면 효과적일지 파악합니다. 그리고 여러분이 제공한 자료나 웹에서 검색한 정보를 바탕으로 구체적인 제안을 해줍니다.

## AI 도구로 깊이를 만드는 방법

풍부화 단계에서 가장 강력한 도구 중 하나는 노트북LM입니다. 노트북LM은 여러분이 업로드한 문서, PDF, 웹페이지 등을 분석해 맥락을 이해하고, 그 내용을 바탕으로 질문에 답하거나 새로운 콘텐츠를 생성하는 AI 도구입니다. 단순히 검색하는 것이 아니라, 자료 간의 연결고리를 찾고 종합적인 인사이트를 제공합니다.

예를 들어 여러분이 리더십에 관한 책을 쓰고 있다고 가정해봅시다. 초고에는 "좋은 리더는 경청하는 능력이 중요하다"라는 주장이 있습니다. 하지만 이 문장만으로는 독자를 설득하기 어렵습니다. 여기에 노트북LM을 활용할 수 있습니다. 리더십 관련 논문, 경영 사례 연구, 성공한 CEO들의 인터뷰 자료 등을 업로드한 뒤 "경청하는 리더십의 구체적 사례와 그 효과를 보여주는 연구 결과를 찾아줘"라고 요청하는 것입니다.

노트북LM은 업로드된 자료들을 분석해 관련된 사례를 찾아줍니다. 구글을 이끈 에릭 슈미트가 강조한 '모든 직원의 목소리를 듣는 의사결정 방식', 《하버드 비즈니스 리뷰》에 게재된 경청과 조직 성과 간의 상관관계 연구, 실리콘밸리 리더들이 공통적으로 강조하는 경청의 가치 등을 종합해 제시해줍니다. 이제 여러분의 주장은 단순한 의견이 아니라 구체적 사례와 연구로 뒷받침된 신뢰할 수 있는 메시지가 됩니다.

또 다른 활용법은 여러분 자신의 경험과 자료를 풍부화하는 것입니다. 여러분이 지난 몇 년간 작성한 블로그 글, 강연 자료, 프로젝트 보고서, 메모 등을 모두 노트북LM에 업로드하세요. 그리고

"내가 고객 경험 개선에 대해 어떤 관점을 가지고 있었는지, 구체적 사례는 무엇이었는지 정리해줘"라고 요청합니다. AI는 여러분이 잊고 있었던 과거의 경험과 인사이트를 다시 끄집어내 책의 내용으로 활용할 수 있게 정리해줍니다.

웹 검색 기능을 가진 AI 도구들도 풍부화에 큰 도움이 됩니다. 클로드나 챗GPT에게 "최근 3년간 원격 근무가 생산성에 미친 영향에 관한 연구 결과를 찾아줘"라고 요청하면, 관련 논문, 뉴스 기사, 통계 자료를 찾아 요약해줍니다. 여러분은 이 정보를 바탕으로 초고의 주장을 더 탄탄하게 만들 수 있습니다.

스토리 확장에도 AI를 활용할 수 있습니다. 여러분이 작성한 간단한 일화나 경험담을 AI에게 보여주고 "이 이야기를 더 생동감 있게 전달하려면 어떤 디테일을 추가하면 좋을까? 독자가 몰입할 수 있는 장면 묘사를 제안해줘"라고 요청하세요. AI는 대화를 더 구체적으로 재구성하거나, 감정 묘사를 풍부하게 만들거나, 상황의 맥락을 더 명확하게 전달하는 방법을 제안합니다.

## 여러분의 전문성이 객관적 깊이가 되는 순간

풍부화의 진짜 힘은 여러분이 가진 전문성을 객관적으로 입증 가능한 형태로 전환시키는 데 있습니다. 여러분은 이미 충분한 경험과 지식을 가지고 있습니다. 하지만 그것을 독자들에게 전달할 때는 "제 경험상 이렇습니다"라는 주관적 서술만으로는 부족합니다. 독자들은 '왜 그것이 맞는지', '다른 사람들도 같은 결과를 경험했는지', '객관적으로 검증된 사실인지'를 알고 싶어 합니다.

AI 도구를 활용한 풍부화는 여러분의 주관적 경험을 객관적 깊이로 바꿔줍니다. 여러분이 몸으로 체득한 노하우를 사례로 구체화하고, 여러분의 직관을 연구 결과로 뒷받침하며, 여러분의 이야기를 독자가 공감할 수 있는 서사로 재구성합니다. 이 과정에서 책은 단순한 의견 모음이 아니라, 신뢰할 수 있는 전문서로 거듭납니다.

실제로 집필 과정을 함께한 많은 분이 풍부화 단계에서 자신의 책이 완전히 달라지는 경험을 하셨습니다. 초고 단계에서는 '이 정도면 괜찮은 것 같다'라고 생각했었는데, 사례와 근거를 추가하고 스토리를 풍부하게 만든 후에는 '이제야 진짜 책 같다'라는 느낌을 받으셨다고 합니다.

한 분은 마케팅 전략에 관한 책을 쓰시면서, 초고에는 자신의 경험만 담았습니다. 하지만 노트북LM을 활용해 관련 마케팅 사례 연구와 소비자 심리학 논문을 분석한 후, 자신의 주장이 학계에서 검증된 이론과도 일치한다는 것을 발견했습니다. 그 내용을 책에 추가하자 독자들의 반응이 달라졌습니다. "실무 경험과 이론이 결합된 실용적인 책"이라는 평가를 받게 되었습니다.

풍부화 단계는 시간이 걸리는 작업입니다. 하지만 AI 도구의 도움을 받으면 과거보다 훨씬 빠르게, 그리고 더 체계적으로 진행할 수 있습니다. 여러분이 방향을 제시하면 AI가 자료를 찾고 정리하는 수고를 덜어줍니다. 여러분은 그 결과를 검토하고 선택하는 역할에 집중하면 됩니다.

## 지금 바로 시작하세요

지금 여러분의 초고를 다시 한번 펼쳐보세요.

어떤 부분에 구체적 사례가 필요한가요?

어떤 주장에 객관적 근거를 추가하면 더 설득력이 있을까요?

어떤 이야기를 더 생동감 있게 전달하고 싶으신가요?

그 질문들을 AI에게 던져보세요. 여러분의 책은 그 순간부터 깊이를 얻기 시작할 것입니다. AI와 함께라면 여러분의 전문성은 독자들이 신뢰하고 따를 수 있는 지식으로 완성됩니다.

# AI로
# 나만의 문체를 찾는 법

## 읽히는 책과 읽히지 않는 책의 차이

저는 수많은 초고를 검토하면서 흥미로운 패턴을 발견했습니다. 내용은 훌륭한데 끝까지 읽히지 않는 원고가 있고, 내용이 조금 부족해도 독자가 단숨에 읽어 내려가는 원고가 있습니다. 이 차이는 무엇일까요? 바로 전달 방식의 차이입니다. 같은 메시지라도 어떤 톤으로, 어떤 문체로, 어떤 리듬으로 전달하느냐에 따라 독자의 반응은 완전히 달라집니다.

많은 초보 저자가 겪는 큰 어려움 중 하나가 바로 이 지점입니다. 전문성을 드러내려다 보니 문장이 딱딱해지고, 독자에게 친근하게 다가가려다 보니 깊이가 부족해 보입니다. 전문 용어를 쓰자니 어렵고, 쉽게 풀어쓰자니 가볍게 보일까 걱정됩니다. 이 딜레마는 많은 분이 집필 과정에서 겪는 심각한 고민 중 하나입니다.

하지만 좋은 소식이 있습니다. 이제는 AI의 도움을 받아 여러분의 문체와 톤을 세밀하게 조정할 수 있습니다. 전문성을 유지하면서도 따뜻하게, 깊이 있으면서도 읽기 쉽게, 여러분만의 고유한 목소리를 담으면서도 독자와 연결되는 글을 만들 수 있습니다. 이것이 바로 풍부화의 두 번째 차원, 내용과 톤의 강화입니다.

## 전문성과 따뜻함 사이의 균형점

좋은 책은 두 가지 요소를 모두 갖추고 있습니다. 하나는 전문성입니다. 독자들은 여러분의 책을 통해 실질적인 정보와 통찰을 얻고 싶어 합니다. 근거 없는 주장이나 피상적인 조언은 독자의 신뢰를 잃게 만듭니다. 여러분이 쌓아온 경험과 지식, 여러분만이 할 수 있는 깊이 있는 분석과 제안이 필요합니다.

다른 하나는 따뜻함입니다. 아무리 전문적인 내용이라도 독자가 공감할 수 없다면 그 메시지는 전달되지 않습니다. 독자들은 여러분의 책을 읽으며 혼자가 아니라는 느낌을 받고 싶어 합니다. 저자가 자신의 어려움을 이해하고, 같은 길을 걸어온 동반자처럼 느껴질 때 독자는 마음을 열고 메시지를 받아들입니다.

문제는 이 두 가지를 균형 있게 담아내기가 쉽지 않다는 점입니다. 전문성을 강조하다 보면 문장이 딱딱해지고 거리감이 생깁니다. 반대로 친근함을 강조하다 보면 신뢰성이 떨어져 보일 수 있습니다. 이 균형점을 찾는 것이 바로 톤 조정의 핵심입니다.

실제로 집필 과정을 함께한 많은 분이 이 부분에서 큰 변화를 경험하셨습니다. 한 분은 IT 보안 전문가로, 초고에서는 기술적 설명과 전문 용어가 가득했습니다. 내용은 정확했지만, 일반 독자가 이해하기에는 너무 어려웠습니다. 하지만 AI와의 협업을 통해 핵심 개념은 유지하면서도 비유와 사례를 더하고, 독자에게 말을 거는 듯한 톤으로 문장을 재구성했습니다. 결과적으로 전문성은 그대로 유지하면서도 훨씬 더 읽기 쉬운 책이 완성되었습니다.

## AI로 문체와 톤을 조정하는 법

그렇다면 AI를 활용해 구체적으로 어떻게 문체와 톤을 조정할 수 있을까요? 첫 번째 방법은 문장 수준의 리라이팅입니다. 여러분이 작성한 문장을 AI에게 보여주고 "이 문장을 더 따뜻하게 바꿔줘" 또는 "이 설명을 전문성을 유지하면서 쉽게 풀어줘"라고 요청하는 것입니다.

예를 들어 아래와 같은 문장이 있다고 가정해봅시다.

"조직의 효율성 제고를 위해서는 커뮤니케이션 프로세스의 최적화가 필수적이다."

이 문장은 정확하지만 딱딱합니다. 그래서 AI에게 다음과 같이 요청합니다.

"이 문장을 독자가 공감할 수 있게, 하지만 전문성은 유지하면서 다시 써줘"

그러면 AI가 훨씬 자연스러운 표현으로 바꾸어줍니다.

"팀이 일을 더 잘하려면 서로 얼마나 명확하게 소통하느냐가 핵심입니다."

의미는 같지만, 독자와의 거리가 확연히 가까워집니다.

두 번째 방법은 톤 일관성 체크입니다. 책 전체를 통틀어 일관된 톤을 유지하는 것은 생각보다 어렵습니다. 어떤 절은 격식을 차린 듯 쓰이고, 어떤 절은 캐주얼하게 쓰입니다. 독자는 이런 톤의 불일치를 느끼면 혼란스러워합니다. 이럴 때 AI에게 여러 절을 함께 보여주고 요청할 수 있습니다.

"이 절들의 톤이 일관되게 유지되고 있는지 확인하고, 불일치하는 부분을 찾아줘."

그러면 AI는 문장의 형식성, 어휘 선택, 문장 길이 등을 분석해 톤이 다른 부분을 지적해줍니다.

세 번째 방법은 감정 표현의 강화입니다. 좋은 책은 독자의 감정을 움직입니다. 하지만 감정을 표현하는 것은 많은 초보 저자가 어려워하는 부분입니다. AI에게 다음과 같이 요구할 수 있습니다.

"이 장면을 독자가 더 몰입할 수 있게 감정 묘사를 추가해줘."

"이 메시지를 전달할 때 독자가 느낄 수 있는 희망과 용기를 더 강조해줘."

그러면 AI는 상황에 맞는 감정 표현을 제안하고, 여러분은 그중에서 자신의 목소리와 맞는 것을 선택하면 됩니다.

네 번째 방법은 리듬과 호흡 조절입니다. 같은 길이의 문장이 계속 이어지면 글이 단조로워집니다. 짧은 문장과 긴 문장을 적절히 섞고, 때로는 한 문장으로 강조하고, 때로는 여러 문장으로 풀어내는 리듬감이 필요합니다. AI에게 다음과 같이 요청할 수 있습니다.

"이 단락의 문장 길이와 구조를 분석하고, 더 읽기 좋은 리듬을 만들어줘."

이때 AI는 문장 구조를 분석해 단조로운 부분을 지적하고 변화를 제안합니다.


## 여러분만의 목소리를 찾아가는 과정

여기서 중요한 점이 있습니다. AI의 제안을 무조건 받아들이는 것이 아니라, 여러분만의 목소리를 찾아가는 도구로 활용해야 한다는 것입니다. AI는 문체와 톤을 조정하는 다양한 옵션을 제시할 뿐, 최종 선택은 여러분이 해야 합니다. 어떤 표현이 여러분의 성격과 맞는지, 어떤 톤이 여러분이 전달하고 싶은 메시지와 어울리는지는 여러분만이 알 수 있습니다.

실제로 저는 참여자분들께 이렇게 조언합니다.

"AI가 제안한 세 가지 버전을 모두 소리 내어 읽어보세요. 그중 여러분의 입에서 가장 자연스럽게 나오는 것, 여러분이 실제로 대화할 때 쓸 것 같은 표현을 선택하세요."

좋은 문체는 자연스러움에서 나옵니다. 여러분이 평소 말하는 방식, 생각을 표현하는 방식과 크게 다른 문체는 오래 지속되기 어렵습니다.

한 참여자는 자신의 원고를 AI와 함께 여러 버전으로 작성해보면서 흥미로운 발견을 하셨습니다. 처음에는 권위 있어 보이는 격식 있는 문체를 원하셨는데, 여러 버전을 읽어보니 정작 자신이 가장 편하게 느끼는 것은 친구에게 이야기하듯 풀어쓴 버전이었다고 합니다. "제가 강연할 때도 이렇게 말하더라고요. 이게 제 진짜 목소리인 것 같아요"라고 말씀하셨습니다. AI는 이처럼 여러분이 자신의 진짜 목소리를 발견하도록 돕는 거울 역할을 합니다.

문체와 톤의 조정은 한 번에 끝나는 작업이 아닙니다. 초고를 쓰고, AI의 제안을 받아 수정하고, 다시 읽어보며 조정하는 과정을 반복합니다. 이 과정에서 여러분의 글은 점점 더 여러분다워집니다. 전문성은 유지하면서도 독자가 편안하게 다가갈 수 있고, 깊이는 있으면서도 이해하기 쉬우며, 권위는 있으면서도 따뜻한 그런 목소리를 찾아가게 됩니다.

## 내용 풍부화를 완성하는 실전 가이드

이제 여러분은 풍부화의 두 가지 핵심축을 배웠습니다. 사례·스토리·근거를 통한 내용의 확장과 문체·톤을 통한 전달의 강화입니다. 하지만 막상 실행하려면 어디서부터 시작해야 할지 막막할 수 있습니다. 그래서 풍부화를 체계적으로 완성하는 실전 가이드를 제안합니다.

먼저 풍부화의 순서입니다. 내용 확장을 먼저 하고, 그다음 톤 조정을 하세요. 사례와 근거가 추가되면 문장이 길어지고 구조가 바뀝니다. 톤을 먼저 조정했다가 내용을 추가하면 다시 조정해야 하는 이중 작업이 발생합니다. 효율적인 순서는 이렇습니다.

첫째, 각 주장에 필요한 사례와 근거를 추가하세요.

둘째, 스토리에 디테일을 더하세요.

셋째, 전체 문장의 톤과 리듬을 조정하세요.

    

다음으로 우선순위를 정하세요. 모든 절을 동시에 풍부화하려면 압도될 수 있습니다. 책의 핵심 메시지를 담은 절부터 시작하세요. 독자들이 가장 많이 읽을 가능성이 큰 초반 절, 여러분이 가장 강조하고 싶은 핵심 절을 우선해서 풍부화하세요. 나머지 절은 그 다음에 작업해도 늦지 않습니다.

마지막으로 스스로 점검하는 세 가지 질문입니다. 풍부화가 충분히 되었는지 판단하려면 이 질문들에 답해보세요.

첫째, "내 주장의 근거가 명확한가?" 각 핵심 주장마다 구체적 사례나 객관적 근거가 있는지 확인하세요.

둘째, "독자가 공감할 스토리가 있는가?" 추상적 개념만 나열하지 않고, 독자가 마음으로 느낄 수 있는 이야기가 포함되어 있는지 보세요.

셋째, "내 목소리가 일관되게 들리는가?" 절을 넘나들며 읽어보았을 때 같은 사람이 쓴 것처럼 느껴지는지 확인하세요.

클라라, 이 문단의 톤이 너무 딱딱해.
내 평소 말투처럼 바꿔줄 수 있어?

원문과 수정안을 비교해드릴게요.

원문:
"주제 선언문은 책의 방향성을 결정하는 핵심 요소입니다.
이것을 명확하게 정의하지 않으면 집필 과정에서 혼란이 발
생합니다."

수정안(황 대표님 톤):
"주제 선언문, 이거 없으면 3장쯤에서 막힙니다.
'내가 뭘 쓰고 있지?' 하는 순간이 오거든요.
저도 그랬습니다. 그래서 지금은 꼭 먼저 잡고 시작해요."

…중략…

이렇게 바꾸면 대표님이 직접 말하는 것처럼 느껴져요.

# 드디어 출간이다

**6장**

초고가 완성되었다면 이제 마지막 관문이 남았습니다. 퇴고와 출간 준비입니다. 퇴고는 단순히 틀린 글자를 고치는 작업이 아닙니다. 문장을 다듬고, 논리를 점검하고, 사실을 검증하는 과정입니다. 출간 준비는 원고를 책의 형태로 완성하는 단계입니다. 파일 형식을 맞추고, 표지를 만들고, 메타데이터를 정리합니다. 6장에서는 AI와 함께 체계적으로 퇴고하고, 출간 버튼을 누르기 전 마지막으로 점검해야 할 것들을 안내합니다.

# Editing & Fact-checking, 정확성 확보

## 퇴고는 완성의 시작입니다

초고를 완성한 순간, 여러분은 분명 뿌듯함과 동시에 새로운 막막함을 느끼게 됩니다.

'이제 뭘 해야 하지?'

'이 글이 정말 출간해도 될 수준일까?'

초고는 말 그대로 '처음 쓴 글'입니다. 여러분의 생각과 경험이 담겨 있지만, 아직 독자에게 보여줄 완성품은 아닙니다. 퇴고는 이 원석을 다듬어 빛나는 보석으로 만드는 과정입니다.

많은 사람이 퇴고를 '틀린 글자 고치기' 정도로 생각합니다. 하지만 진짜 퇴고는 훨씬 더 깊고 체계적인 작업입니다. 문장을 다듬고, 논리를 점검하고, 사실을 검증하는 과정 모두가 퇴고에 포함됩니다. 이 과정을 거치지 않으면 여러분의 책은 독자에게 신뢰를 주지 못하고, 완독률도 낮아집니다.

저는 AI 최강작가를 운영하며 수많은 분의 퇴고 과정을 함께했습니다. 그중 가장 많이 듣는 질문이 이것입니다.

"퇴고를 어디서부터 시작해야 할까요?"

혼자서는 무엇을 고쳐야 할지 보이지 않습니다. 자신의 글을 객관적으로 보는 것은 매우 어려운 일이기 때문입니다. 이때 AI는 여러분의 글을 객관적으로 분석하고, 개선점을 명확히 짚어주는 최고의 퇴고 파트너가 됩니다.

퇴고는 '고치기'가 아니라 '완성하기'입니다. 여러분의 초고에는 이미 훌륭한 아이디어와 통찰이 담겨 있습니다. 퇴고는 그것을 독자가 명확히 이해하고, 신뢰하며, 끝까지 읽을 수 있도록 다듬는 과정입니다. 이번 절에서는 AI를 활용해 체계적으로 퇴고하는 방법을 안내하겠습니다.

## 3단계 퇴고 시스템

퇴고를 막막해하는 이유는 명확한 기준이 없기 때문입니다.

"뭘 고쳐야 할까?"

"어디까지 고쳐야 완성일까?"

이런 질문 앞에서 많은 사람이 무한 수정의 늪에 빠집니다. 저는 퇴고를 세 가지 층위로 나눠 단계적으로 접근하는 것을 제안합니다.

첫 번째 층위는 문장 단위 퇴고입니다. 이것은 가장 기본적인 작업으로, 맞춤법, 띄어쓰기, 문장 호응, 불필요한 반복 등을 점검합니다. 이 단계에서는 두 가지를 중심으로 봅니다.

'이 문장이 문법적으로 올바른가?'

'독자가 읽기 편한가?'

초보 작가들은 이 단계에만 집중하는 경향이 있는데, 사실 이것은 퇴고의 출발점일 뿐입니다.

두 번째 층위는 논리 단위 퇴고입니다. 문단과 절의 흐름이 자연스러운지, 주장과 근거가 잘 연결되는지, 앞뒤 맥락이 일치하는지를 점검합니다.

'이 문단이 왜 여기 있는가?'

'이 절은 앞 절의 내용과 자연스럽게 이어지는가?'

이와 같은 질문을 던져야 합니다. 논리가 무너지면 독자는 혼란스러워하고, 책을 덮게 됩니다.

세 번째 층위는 팩트 단위 퇴고입니다. 여러분이 책에서 언급한 통계, 사례, 인용, 날짜, 인명 등이 정확한지 검증하는 단계입니다. 한 가지 작은 오류가 책 전체의 신뢰도를 무너뜨릴 수 있습니다. 특히 전문성을 바탕으로 쓴 책이라면 팩트 체크는 필수입니다.

'이 수치가 맞는가?'

'이 사례가 실제로 존재하는가?'

'출처가 명확한가?'

이런 점들을 반드시 확인해야 합니다.

이 세 가지 층위를 한 번에 보려고 하면 혼란스럽습니다. 그래서 저는 단계별로 나눠서 퇴고하기를 권장합니다. 첫 번째 라운드에서는 문장만, 두 번째 라운드에서는 논리만, 세 번째 라운드에서는 팩트만 집중해서 보는 것입니다. 이렇게 하면 놓치는 부분이 줄어들고, 퇴고가 훨씬 효율적으로 진행됩니다.

## AI와 함께하는 퇴고 실전

AI는 퇴고의 각 층위에서 여러분을 도울 수 있습니다. 문장 단위 퇴고에서는 AI에게 원고 전체를 입력한 후 "맞춤법, 띄어쓰기, 문장 호응 오류를 찾아줘"라고 요청할 수 있습니다. AI는 즉시 문제가 있는 문장을 찾아내고, 수정안을 제시합니다. 여러분은 AI가 제안한 수정안을 검토하며 최종 선택을 하면 됩니다.

논리 단위 퇴고에서는 AI에게 "이 절의 논리 흐름을 분석해줘. 문단 간 연결이 자연스러운지, 주장과 근거가 잘 이어지는지 평가해줘"라고 요청할 수 있습니다. AI는 논리적으로 약한 부분, 갑자기 튀는 문단, 앞뒤 맥락이 안 맞는 곳을 짚어줍니다. 이때 중요한 것은 AI의 지적을 무조건 받아들이는 것이 아니라, 왜 그렇게 판단했는지를 이해하고 여러분이 최종 판단을 내리는 것입니다.

팩트 단위 퇴고에서는 AI의 웹 검색 기능을 적극 활용합니다.

"이 통계의 출처를 찾아줘."

"이 사례가 실제로 존재하는지 확인해줘."

"이 인물의 이름과 직함이 정확한지 검증해줘."

이렇게 요청하면 AI가 관련 자료를 찾아 검증해줍니다. 다만 AI도 완벽하지 않으므로, 중요한 팩트는 여러분이 직접 한 번 더 확인하는 것이 안전합니다.

실전 퇴고 과정에서는 AI와의 대화를 기록으로 남기는 것이 좋습니다.

"3절 문장 퇴고 완료"

"5절 논리 흐름 수정 필요 항목 3가지"

이와 같은 식으로 진행 상황을 메모하세요. 퇴고는 긴 과정이므로, 어디까지 했는지 추적하지 않으면 같은 부분을 반복해서 보거나 중요한 부분을 놓칠 수 있습니다.

AI에게 한 번에 너무 많은 것을 요청하지 마세요.

"전체 원고를 완벽하게 퇴고해줘."

이렇게 요구하면 AI도 중요한 부분을 놓칠 수 있습니다. 절 단위로 나눠서, 층위별로 명확히 요청하는 것이 훨씬 효과적입니다.

"2절의 문장 오류만 찾아줘"

이렇게 제한적으로 요구하면 AI는 그 범위 안에서 집중적으로 분석할 수 있습니다.

## 출간 가능한 원고로 만드는 최종 점검

퇴고의 마지막 단계는 출간 가능 여부를 판단하는 최종 점검입니다. 이 단계에서는 책 전체를 독자의 시선으로 다시 읽어봐야 합니다. 절별로 따로 보면 괜찮아 보이지만, 전체를 이어서 읽으면 어색한 부분이 발견되기도 합니다.

최종 점검 체크리스트를 활용하면 도움이 됩니다.

첫째, 모든 절이 목차와 일치하는가? 초고를 쓰다 보면 내용이 바뀌어 목차와 안 맞는 경우가 생깁니다.

둘째, 용어가 일관되게 사용되었는가? 같은 개념을 어떤 절에서는 A라고 부르고, 다른 절에서는 B라고 부르면 독자는 헷갈립니다.

셋째, 중복된 내용이 없는가? 같은 예시나 설명이 여러 절에 반복되면 책이 느슨해집니다.

이때 AI에게 다음과 같이 요청할 수 있습니다.

"이 책의 전체 목차와 각 절의 핵심 내용을 요약해줘. 중복되거나 빠진 부분이 있는지 분석해줘."

AI는 전체 구조를 조감하며 여러분이 놓친 부분을 찾아줍니다. 또한, 다음과 같이 질문을 던져보십시오.

"독자가 이 책을 읽을 때 가장 헷갈릴 만한 부분이 어디일까?"

AI는 독자의 관점에서 약한 부분을 짚어줍니다.

퇴고를 언제 끝낼지도 중요한 문제입니다. 완벽주의에 빠지면 영원히 끝나지 않습니다. 저는 '더 이상 큰 오류가 보이지 않고, 주요 독자가 이해하는 데 문제가 없다'라는 기준을 제안합니다. 모든 문장이 완벽할 필요는 없습니다. 여러분의 메시지가 명확히 전달되고, 독자가 신뢰할 수 있는 수준이면 충분합니다.

최종 점검이 끝나면 원고 파일을 정리하세요. 절별로 파일을 나눠뒀다면 하나로 합치고, 목차 링크를 만들고, 최종 포맷을 확인하세요. 출판 방식에 따라 필요한 형식이 다를 수 있으니, 전통 출판이라면 출판사 가이드를, POD나 전자책이라면 플랫폼 가이드를 참고하세요.

퇴고를 끝내는 순간, 여러분은 더 이상 '초고'가 아닌 '완성 원고'를 손에 쥐게 됩니다. 이 원고는 여러분의 생각과 경험이 체계적으로 정리되고, 논리적으로 탄탄하며, 사실적으로 검증된 결과물입니다. 이제 여러분은 자신 있게 "저는 책을 완성했습니다"라고 말할 수 있습니다. 다음 절에서는 이 완성 원고를 실제 출간 가능한 형태로 만드는 준비 과정을 다루겠습니다.

클라라, 3장 초고 전체를 퇴고해줘.
논리가 약한 부분, 반복되는 표현, 어색한 문장을
찾아줘.

3장 퇴고 결과를 보고드릴게요.

논리가 약한 부분:
- 8절: "CHARTS가 중요하다"는 주장은 있지만 왜 중요한지
설명이 부족합니다. 사례 추가 필요.

반복되는 표현:
- "중요합니다" 7회 → 3회로 줄이기 권장
- "독자"로 시작하는 문장 연속 4개 → 변형 필요

어색한 문장:
- "목차를 잘 짜면 좋습니다" →
  "목차가 단단하면 초고 쓰기가 쉬워집니다"로 수정 제안

…중략…

수정본 아티팩트(Artifact: 애플리케이션을 사용하면서 생성되는 흔적)
로 보여드릴까요?

# 출간 준비,
# 포맷·구조·메타데이터

## 출간 준비, 생각보다 간단합니다

원고 퇴고를 마친 여러분은 이제 출간을 눈앞에 두고 있습니다. 하지만 많은 사람이 이 시점에서 다시 한번 막막함을 느낍니다.

'원고는 완성했는데, 이걸 어떻게 책으로 만들지?'

'표지는 어떻게 하지?'

'메타데이터가 뭔지도 모르겠는데…'

이런 고민이 출간을 또다시 미루게 만듭니다.

사실 출간 준비는 여러분이 생각하는 것보다 훨씬 간단합니다. 복잡해 보이는 이유는 정보가 체계적으로 정리되지 않았기 때문입니다. 어떤 사람은 전자책 포맷 이야기를 하고, 어떤 사람은 전통 출판 계약서 이야기를 하니 혼란스러운 것입니다. 하지만 여러분이 선택한 출판 방식에 따라 필요한 준비 사항은 명확히 정해져 있습니다.

이번 절에서는 전통 출판, POD, 전자책 등 각 출판 방식별로 필수적으로 준비해야 할 것들을 정리해드리겠습니다. 기술적으로 어려운 부분은 AI가 도와줄 수 있고, 전문가의 도움이 필요한 부분은 어디서 찾을 수 있는지도 안내하겠습니다. 중요한 것은 완벽한 준비가 아니라 출간을 향해 한 걸음씩 나아가는 것입니다.

## 출판 방식별 필수 준비 사항

전통 출판을 선택했다면 출판사와의 협업이 핵심입니다. 출판사는 여러분의 원고를 검토한 후 편집, 디자인, 인쇄, 유통까지 전체 과정을 주도합니다. 여러분이 준비해야 할 것은 완성도 높은 원고와 출판 기획서입니다. 출판 기획서에는 책의 주제, 타깃 독자, 목차, 저자 소개, 유사 도서 분석, 마케팅 계획 등이 포함됩니다. 출판사마다 요구하는 형식이 다르므로, 투고 전에 해당 출판사의 가이드를 확인하세요.

POD 출판은 여러분이 직접 파일을 준비해야 합니다. 원고를

PDF 형태로 변환하고, 표지 파일을 별도로 제작해야 합니다. 플랫폼마다 요구하는 파일 형식과 사양이 다르니, 교보문고 POD, 알라딘 POD 등 이용할 플랫폼의 가이드를 먼저 확인하세요. 본문은 보통 A5 사이즈에 여백을 설정한 워드 파일을 PDF로 변환하면 됩니다. 표지는 앞표지, 뒤표지, 책등을 포함한 하나의 파일로 만들어야 하는데, 페이지 수에 따라 책등 두께가 달라지므로 플랫폼에서 제공하는 템플릿을 활용하는 것이 안전합니다.

전자책은 EPUB, MOBI, PDF 등의 형식으로 제작합니다. 가장 범용적인 형식은 EPUB인데, 워드 파일을 EPUB으로 변환하는 무료 도구들이 많이 있습니다. 리디북스, 교보문고, 알라딘 등 국내 전자책 플랫폼에 직접 등록할 수도 있고, 아마존 KDP를 통해 전 세계에 배포할 수도 있습니다. 전자책의 장점은 수정이 쉽다는 것입니다. 출간 후 오타를 발견하거나 내용을 업데이트하고 싶으면 파일을 다시 업로드하면 됩니다.

**표지, 책의 첫인상을 결정합니다**

———

모든 출판 방식에 공통적으로 필요한 것은 표지입니다. 표지는 책의 첫인상을 결정하므로 매우 중요합니다. 표지를 만드는 방법은 크게 세 가지입니다.

첫 번째는 AI 이미지 생성 도구를 활용하는 것입니다. 챗GPT의 이미지 생성 기능이나 클로드, 미드저니, 나노바나나 같은 도구로 표지 이미지를 만들 수 있습니다. AI에게 "비즈니스 책 표지, 미니멀한 디자인, 파란색 톤"처럼 구체적으로 요청하면 여러 시안을 빠르게 받을 수 있습니다. 캔바 같은 디자인 툴을 함께 사용하면 AI가 만든 이미지에 제목과 저자명을 배치할 수 있습니다. 비용이 거의 들지 않고 빠르게 작업할 수 있다는 장점이 있습니다.

두 번째는 전문 디자이너에게 의뢰하는 것입니다. 크몽, 숨고 같은 플랫폼에서 합리적인 가격에 표지 디자인을 의뢰할 수 있습니다. 디자이너는 타이포그래피, 레이아웃, 색감 조절 등 전문적인 감각으로 완성도 높은 표지를 만들어줍니다. 디자이너에게 의뢰할 때는 책의 주제, 타깃 독자, 원하는 분위기, 참고할 만한 다른 책들을 함께 전달하면 작업이 훨씬 수월합니다.

세 번째는 AI와 전문가를 결합하는 방식입니다. AI로 기본 이미지를 만들고, 디자이너에게 타이포그래피와 레이아웃 작업을 맡기는 것입니다. 이렇게 하면 비용을 절약하면서도 전문가의 감각을 더할 수 있습니다. 실제로 많은 디자이너가 이런 방식으로 작업하고 있습니다. 여러분의 예산과 일정을 고려해 가장 적합한 방법을 선택하세요.

## AI로 완성하는 메타데이터와 소개 자료

메타데이터는 책을 설명하는 정보들을 말합니다. 제목, 부제, 저자명, 출판사명, 카테고리, 키워드, 책 소개, 저자 소개 등이 모두 메타데이터에 포함됩니다. 이 정보들은 독자가 여러분의 책을 검색하고 발견하는 데 결정적인 역할을 합니다. 메타데이터를 잘 작성하면 검색 노출이 많아지고, 잠재 독자에게 더 많이 도달할 수 있습니다.

책 소개는 300자 내외의 짧은 소개와 1,000자 내외의 긴 소개를 모두 준비하는 것이 좋습니다. 짧은 소개는 검색 결과나 추천 목록에 노출될 때 사용되고, 긴 소개는 책 상세 페이지에 표시됩니다. AI에게 여러분의 목차와 핵심 메시지를 입력하고 "이 책을 300자로 매력적으로 소개해줘"라고 요청하세요. AI가 만든 초안을 바탕으로 여러분이 다듬으면 훨씬 효과적인 소개문을 만들 수 있습니다.

저자 소개도 마찬가지입니다. 여러분의 경력, 전문성, 이 책을 쓰게 된 배경을 AI에게 말하고 "이 내용을 저자 소개로 정리해줘"라고 요청하세요. AI는 정보를 체계적으로 정리하고, 독자에게 신뢰감을 줄 수 있는 문장으로 만들어줍니다. 다만 과장하지 않도록 주의하세요. 정직하고 진솔한 저자 소개가 독자에게 더 잘 전달됩니다.

키워드 선정도 중요합니다. 독자가 어떤 단어로 검색할 때 여러분의 책이 나타나길 원하는지 생각해보세요. AI에게 "이 책과 관련된 검색 키워드를 20개 추천해줘"라고 요청하면 다양한 키워드 후보를 받을 수 있습니다. 그중에서 여러분의 책과 가장 관련 깊고, 검색량이 있을 것 같은 키워드를 선택하세요. 너무 일반적인 키워드보다는 구체적인 키워드가 타깃 독자에게 더 잘 도달합니다.

출판 플랫폼에 따라 요구하는 메타데이터 항목이 조금씩 다를 수 있습니다. 각 플랫폼의 등록 페이지를 미리 확인하고, 필요한 정보를 엑셀이나 문서로 정리해두면 등록 과정이 훨씬 수월합니다. 한 번 정리해둔 메타데이터는 여러 플랫폼에 반복해서 사용할 수 있으므로, 초반에 공들여 작성하는 것이 효율적입니다.

## 출간 전 최종 체크리스트

출간 버튼을 누르기 전, 마지막으로 점검해야 할 것들이 있습니다. 이 체크리스트를 하나씩 확인하면서 빠뜨린 것이 없는지 살펴보세요.

먼저 파일 형식과 사양을 다시 한번 확인하세요. 전통 출판이라면 출판사가 요청한 형식으로 원고를 제출했는지, POD라면 플랫폼 가이드에 맞춰 PDF를 만들었는지, 전자책이라면 EPUB 파일이 제대로 변환되었는지 확인합니다. 파일을 직접 열어보고 깨진 부분이 없는지, 목차 링크가 작동하는지, 이미지가 제대로 표시되는지 점검하세요.

표지 파일도 마찬가지입니다. 해상도가 충분한지, 텍스트가 선명하게 보이는지, 파일 형식과 크기가 플랫폼 요구 사항에 맞는지 확인하세요. 특히 POD의 경우 앞표지, 책등, 뒤표지가 하나의 파일로 정확히 배치되었는지 꼼꼼히 살펴야 합니다. 플랫폼에서 제공하는 미리보기 기능이 있다면 반드시 활용하세요.

메타데이터가 모두 입력되었는지도 확인합니다. 제목, 부제, 저자명, 카테고리, 키워드, 책 소개, 저자 소개, 가격, ISBN 등 필수 항목이 빠짐없이 작성되었는지 점검하세요. 오타가 있으면 수정하고, 문장이 어색하면 다듬으세요. 이 정보들은 독자가 가장 먼저 보는 것이므로 신중하게 작성해야 합니다.

저작권 관련 사항도 점검이 필요합니다. 책에 포함된 이미지, 인용문, 데이터 등이 모두 적법하게 사용되었는지 확인하세요. 다른 사람의 저작물을 사용했다면 출처를 명기했는지, 필요한 경우 사용 허락을 받았는지 점검합니다. 저작권 문제는 출간 후에도 계속 따라다닐 수 있으므로 사전에 철저히 확인하는 것이 중요합니다.

ISBN과 저작권 등록도 출판 방식에 따라 필요할 수 있습니다. 전통 출판은 출판사가 처리해주지만, POD나 전자책을 직접 출간한다면 ISBN 발급이 필요할 수 있습니다. 다만 일부 플랫폼은 무료

   

ISBN을 제공하거나 ISBN 없이도 출간 가능한 경우가 있으니, 이용하는 플랫폼의 가이드를 먼저 확인하세요. 저작권 등록은 필수는 아니지만 저작물을 법적으로 보호받고 싶다면 한국저작권위원회를 통해 등록할 수 있습니다. 이런 법적·행정적 절차가 복잡하게 느껴진다면 관련 전문가나 플랫폼의 상담 서비스를 활용하는 것을 권장합니다.

마지막으로 출간 일정을 확인하세요. 전통 출판은 계약 후 실제 출간까지 몇 개월이 걸릴 수 있습니다. POD와 전자책은 파일을 업로드하면 며칠 내에 출간되지만, 플랫폼 심사 과정이 있을 수 있으니 여유를 두고 준비하세요. 특정 날짜에 맞춰 출간하고 싶다면 역산해서 준비 일정을 세우는 것이 좋습니다.

모든 준비가 끝나고 출간 버튼을 누르는 순간, 여러분은 공식적으로 작가가 됩니다. 여러분의 이름으로 된 책이 세상에 나가는 것입니다. 이제 다음 장에서는 출간 이후의 이야기, 즉 책을 세상에 알리고 새로운 기회를 여는 방법에 대해 다루겠습니다.

《글은 못 쓰지만, 좋은 책을 냅니다》 출간용 소개 글을 써줘.
전자책 플랫폼에 올릴 거야. 300자 내외로.

출간용 소개 글 초안입니다.

---

"책 쓰고 싶은데, 어떻게 시작해야 할지 모르겠어요."

이 고민, 이제 끝입니다.

《글은 못 쓰지만, 좋은 책을 냅니다》는 AI를 활용해 누구나 책 한 권을 완성할 수 있도록 안내하는 실전 가이드입니다.

저자는 1년간 161명과 함께 책쓰기 여정을 걸었고, 그중 155명이 실제로 책을 완성했습니다. 96.2% 성공률.

STORIES 7단계를 따라가면 당신도 작가가 될 수 있습니다.

…중략…

이제 당신의 첫 문장을 쓸 시간입니다.

# 출간 후,
# 진짜 시작이다

## 7장

출간 버튼을 누르는 순간, 긴 여정이 끝난 것 같지만 사실 새로운 시작입니다. 책이 세상에 나왔다고 저절로 독자에게 도달하지 않습니다. 책을 알리고, 독자와 연결하고, 그 연결을 기회로 확장하는 과정이 필요합니다. 7장에서는 책을 세상에 보여주는 쇼케이스와 브랜딩 전략, 책이 열어주는 강연·컨설팅·강좌 같은 새로운 기회들, 그리고 첫 책을 넘어 작가로서 10년을 설계하는 방법을 안내합니다.

# 쇼케이스와 브랜딩,
# 책을 세상에 보여주기

## 책은 완성이 아니라 시작입니다

원고를 완성하고 출간 버튼을 누르는 순간, 여러분은 긴 여정의 끝에 도착했다고 느낄 것입니다. 하지만 사실 그 순간은 끝이 아니라 새로운 시작입니다. 책이 세상에 나왔다고 해서 저절로 독자에게 도달하지 않습니다. 여러분이 만든 책을 세상에 알리고, 독자와 연결하며, 책이 가진 가치를 제대로 전달하는 과정이 필요합니다. 이것이 바로 쇼케이스와 브랜딩입니다.

많은 저자가 출간 이후 막막함을 느낍니다.

'이제 뭘 해야 하지?'

'어디서부터 알려야 할까?'

'SNS에 한 번 올리면 끝인가?'

이런 질문들이 머릿속을 맴돕니다. 특히 처음 책을 쓴 분들은 홍보와 마케팅이라는 단어 자체에 부담을 느낍니다. 하지만 걱정하지 마세요. 책을 알리는 일은 여러분이 생각하는 것만큼 복잡하거나 어렵지 않습니다. 오히려 여러분이 이미 가진 것, 즉 책의 내용과 메시지를 중심으로 자연스럽게 풀어내면 됩니다.

책을 세상에 알리는 과정은 크게 세 가지 단계로 나뉩니다.

첫째, 책의 첫인상을 결정하는 소개 전략을 세우는 것입니다.

둘째, 그 전략을 실행할 브랜딩 콘텐츠를 만드는 것입니다.

셋째, 실제로 책을 알릴 채널을 선택하고 지속적으로 노출하는 것입니다.

이 장에서는 AI를 활용해 이 세 가지를 효율적으로 실행하는 방법을 안내합니다. 여러분은 책을 완성했을 때의 그 열정을 다시 한 번 꺼내서, 이번에는 세상과 연결하는 데 사용하면 됩니다.


## 첫인상을 결정하는 책 소개 전략

책을 처음 접하는 독자는 단 몇 초 안에 이 책을 읽을지 말지를 결정합니다. 표지를 보고, 제목을 읽고, 소개 글을 훑어보는 짧은 시간 안에 관심이 생기거나 사라집니다. 그래서 책 소개 전략은 매우 중요합니다. 여러분의 책이 가진 핵심 가치를 명확하고 매력적으로 전달해야 합니다.

책 소개는 크게 두 가지 요소로 구성됩니다. 하나는 책이 다루는 문제와 해결책을 요약한 핵심 메시지이고, 다른 하나는 독자가 이 책을 읽어야 하는 이유입니다. 예를 들어 여러분이 퍼스널 브랜딩에 관한 책을 썼다면, "당신의 전문성을 세상에 알리는 가장 빠른 방법"이라는 메시지와 함께 "책 한 권으로 강연 기회와 고객 신뢰를 얻은 사례"를 보여주는 식입니다. 이 두 가지를 조합하면 독자는 '이 책이 나에게 필요하구나'라는 확신을 갖게 됩니다.

책 소개를 작성할 때 흔히 하는 실수는 너무 많은 정보를 담으려는 것입니다. 책의 모든 내용을 요약하려다 보면 오히려 핵심이 흐려집니다. 대신 한두 가지 강력한 메시지에 집중하세요.

"이 책은 누구를 위한 책인가?"

"독자는 이 책을 통해 무엇을 얻는가?"

이 두 질문에 대한 답을 명확하게 제시하는 것만으로도 충분합니다. 나머지는 목차와 본문이 말해줄 것입니다.

또 하나 중요한 것은 책 소개의 톤입니다. 여러분의 책이 전문적인 내용을 다룬다면 신뢰감 있는 톤을 유지해야 하고, 자기계발서라면 독자에게 동기부여를 주는 톤이 적합합니다. 소설이라면 감정을 자극하는 문장이 필요합니다. 책의 성격에 맞는 톤을 찾는 것이 첫인상을 좌우합니다. AI는 이런 톤을 조정하는 데 큰 도움이 됩니다. 여러분이 원하는 느낌을 설명하면, AI가 여러 버전의 소개 글을 제안해줍니다.

실제 소개 글이 어떻게 작성되는지 예시를 보여드리겠습니다. 예를 들어 퍼스널 브랜딩에 관한 책의 소개 글이라면 이렇게 작성할 수 있습니다.

"당신의 전문성은 이미 충분합니다. 다만 세상이 아직 모를 뿐입니다. 이 책은 10년 넘게 쌓아온 당신의 경험과 노하우를 단 한 권의 책으로 정리하는 방법을 알려줍니다. 책 한 권이 어떻게 강연 기회를 만들고, 고객 신뢰를 얻으며, 새로운 수익원을 열어주는지 실전 사례와 함께 안내합니다. 더 이상 누군가의 승인을 기다리지 마세요. 당신의 이야기를 책으로 만드는 가장 현실적인 방법이 여기 있습니다."

이 소개 글은 독자의 문제(전문성을 알리지 못함), 책이 제공하는 해결책(책으로 정리하는 방법), 그리고 책을 읽어야 하는 이유(강연, 신뢰, 수익)를 명확하게 담고 있습니다. 여러분도 이런 구조를 활용해 자신의 책에 맞는 소개 글을 작성할 수 있습니다.

AI에게 "내 책의 핵심 메시지는 이것이고, 타깃 독자는 이런 사람들이야. 이 구조로 소개 글을 만들어줘"라고 요청하면, 여러 버전을 받아볼 수 있습니다.

## AI와 함께 브랜딩 콘텐츠 만들기

———

책을 알리기 위해서는 소개 글만으로는 부족합니다. 다양한 형태의 브랜딩 콘텐츠가 필요합니다. SNS 게시글, 블로그 포스트, 이메일 뉴스레터, 유튜브 소개 영상 스크립트 등 각각의 채널에 맞는 콘텐츠를 준비해야 합니다. 이 작업이 부담스럽게 느껴질 수 있지만, AI를 활용하면 훨씬 쉽고 빠르게 진행할 수 있습니다.

먼저 책의 핵심 메시지를 정리하세요. 여러분이 5절에서 작성한 주제 선언문이 여기서 다시 빛을 발합니다. 주제 선언문에는 책의 문제의식, 타깃 독자, 해결책이 모두 담겨 있습니다. 이것을 기반으로 AI에게 다음과 같이 요청합니다.

"이 책을 SNS에 소개하는 게시글을 세 가지 버전으로 만들어줘. 하나는 감성적으로, 하나는 논리적으로, 하나는 질문 형식으로."

이때 AI는 같은 메시지를 여러 방식으로 표현해줍니다.

블로그 포스트나 뉴스레터를 작성할 때는 조금 더 깊이 있는 내용이 필요합니다. 책의 한 절을 요약하거나, 집필 과정에서 느낀 점을 공유하거나, 독자가 궁금해할 만한 질문에 답하는 형식으로 작성할 수 있습니다. 예를 들어 "왜 이 책을 쓰게 되었나요?"라는 질문에 대한 답을 정리한 글은 독자와의 연결을 강화합니다. AI에게 여러분의 집필 동기를 설명하고, 이를 독자 친화적인 글로 다듬어 달라고 요청하세요.

영상 콘텐츠를 만들 계획이라면, AI는 스크립트 작성에 도움을 줍니다. "1분 안에 책을 소개하는 유튜브 쇼츠 스크립트를 만들어 줘"라고 요청하면, AI는 짧고 임팩트 있는 대본을 제공합니다. 여러분은 그 대본을 읽으면서 자연스럽게 영상을 촬영하면 됩니다. 영상 제작이 부담스럽다면, 오디오 클립으로 시작해도 좋습니다. 중요한 것은 여러분의 목소리로 책을 소개하는 것입니다.

브랜딩 콘텐츠를 만들 때 한 가지 팁을 드리자면, 다양한 버전을 미리 준비해두는 것입니다. 출간 직후 한 번에 모든 채널에 콘텐츠를 올리려고 하면 부담이 큽니다. 대신 출간 일주일 전부터 조금씩 콘텐츠를 만들어두세요. AI와의 대화를 통해 하루에 하나씩 게시글을 작성한다면 일주일 후에는 충분한 콘텐츠가 준비되어 있을 것입니다. 이렇게 하면 출간 당일 여유롭게 홍보를 시작할 수 있습니다.

   7장 | 출간 후, 진짜 시작이다

## 책을 세상에 알리는 실전 채널 전략

———

콘텐츠가 준비되었다면 이제 어디에 알릴지 결정해야 합니다. 채널 선택은 여러분의 타깃 독자가 어디에 있는지에 따라 달라집니다. 전문가를 위한 책이라면 링크드인이나 브런치가 효과적이고, 일반 독자를 위한 책이라면 인스타그램이나 페이스북이 적합합니다. 시니어 독자를 타깃으로 한다면 카카오톡 오픈채팅이나 네이버 블로그가 더 나을 수도 있습니다.

채널을 선택할 때 흔히 하는 실수는 모든 채널을 동시에 공략하려는 것입니다. 하지만 이는 오히려 집중력을 떨어뜨립니다. 처음에는 한두 개의 채널에 집중하는 것이 좋습니다. 여러분이 가장 익숙하고, 타깃 독자가 많이 모여 있는 채널을 선택하세요. 그곳에서 꾸준히 콘텐츠를 올리며 반응을 확인하고, 이후에 채널을 확장하는 것이 효율적입니다.

책을 알리는 방법은 단순히 "책 나왔습니다"라고 공지하는 것만이 아닙니다. 독자가 관심을 가질 만한 주제를 먼저 던지고, 자연스럽게 책으로 연결하는 것이 더 효과적입니다. 예를 들어 여러분이 생산성에 관한 책을 썼다면, "하루 30분으로 일주일 계획 세우는 법"이라는 주제로 글을 쓰고, 마지막에 "이 방법에 대한 더 자세한 내용은 제 책에서 다루고 있습니다"라고 언급하는 식입니다. 이런 접근 방식은 독자에게 가치를 먼저 제공하면서도 자연스럽게 책을 소개합니다.

또 하나 중요한 전략은 지속성입니다. 출간 직후 일주일 동안만 열심히 홍보하고 멈추는 경우가 많습니다. 하지만 책은 출간 이후 몇 개월, 심지어 몇 년 동안 계속 독자를 만날 수 있습니다. 따라서 일회성 홍보가 아니라 꾸준한 노출이 필요합니다. 한 달에 한두 번씩 책과 관련된 주제로 콘텐츠를 올리세요. 새로운 독자 후기를 공유하거나, 책의 한 문장을 인용하거나, 집필 과정의 비하인드 스토리를 나누는 것만으로도 충분합니다.

AI는 이런 지속적인 콘텐츠 제작에도 도움을 줍니다.

"내 책의 3장 내용을 바탕으로 SNS 게시글을 만들어줘."

이렇게 요청하면, AI는 여러분의 책에서 핵심 메시지를 뽑아 새로운 각도로 콘텐츠를 만들어줍니다. 여러분은 그것을 조금만 다듬어서 올리면 됩니다. 이렇게 하면 매번 새로운 아이디어를 고민하지 않아도 꾸준히 콘텐츠를 생산할 수 있습니다.

## 독자 커뮤니티 구축하기

책을 알리는 것을 넘어서, 독자들과 지속적으로 연결되는 커뮤니티를 만드는 것이 중요합니다. 일회성 독자가 아니라, 여러분의 메시지에 공감하고 계속해서 교류하는 팬층을 형성하는 것입니다. 이런 커뮤니티는 여러분의 다음 책, 강연, 프로젝트를 지지하는 든든한 기반이 됩니다.

가장 기본적이면서도 효과적인 방법은 이메일 뉴스레터입니다. 책을 구매한 독자에게 '뉴스레터 구독하기' 링크를 제공하고, 정기적으로 책과 관련된 인사이트, 추가 팁, 업데이트 소식을 보내세요. 이메일은 SNS와 달리 알고리즘에 영향받지 않고, 독자에게 직접 도달합니다. 한 달에 한두 번 정도 보내는 뉴스레터는 독자와의 관계를 유지하는 가장 확실한 방법입니다.

독자 모임이나 북클럽을 운영하는 것도 좋습니다. 온라인이든 오프라인이든, 정기적으로 모여 책의 내용을 함께 실천하고 경험을 나누는 모임은 강력한 커뮤니티를 만듭니다. 처음에는 5명, 10명의 작은 모임으로 시작할 수 있습니다. 카카오톡 오픈채팅방, 디스코드 서버, 페이스북 그룹 등 여러분이 운영하기 편한 플랫폼을 선택하세요.

커뮤니티를 운영할 때 중요한 것은 일방적인 정보 전달이 아니라 쌍방향 소통입니다. 독자들의 질문에 답하고, 그들의 경험담을 들어주며, 함께 성장하는 분위기를 만드세요. 여러분이 책에서 제안한 방법을 독자들이 실제로 실행하고 결과를 공유할 때, 그 커뮤니티는 살아있는 학습 공간이 됩니다. AI는 커뮤니티 운영에서도 도움을 줄 수 있습니다. 자주 나오는 질문에 대한 답변을 AI로 정리하거나, 월간 뉴스레터 초안을 작성하는 데 활용할 수 있습니다.

마지막으로, 책을 알리는 과정에서 독자와의 소통을 잊지 마세요. 댓글이나 메시지에 답변하고, 독자의 질문을 경청하며, 그들의 피드백을 다음 콘텐츠에 반영하세요. 책은 여러분과 독자 사이의 대화를 여는 문입니다. 그 대화를 이어가는 것이 곧 브랜딩입니다. 여러분이 독자와 진정성 있게 소통할 때, 책은 단순한 상품이 아니라 여러분이라는 브랜드의 일부가 됩니다. AI는 여러분의 메시지를 전달하는 데 도움을 주지만, 독자와의 진짜 연결은 여러분의 진심에서 시작됩니다.

《글은 못 쓰지만, 좋은 책을 냅니다》 출간되면
SNS에 홍보해야 하는데,
인스타그램용 문구 좀 만들어줘.

인스타그램 홍보 문구 5개 드릴게요.

1.

161명이 시작했습니다.
155명이 작가가 됐습니다.
96.2%의 비밀, 《글은 못 쓰지만, 좋은 책을 냅니다》
#작가시대 #AI글쓰기 #전자책출간

2.
"나도 책 쓸 수 있을까요?"
→ 네. 이 책이 증명합니다.
#황성진 #AI최강작가 #STORIES

3.
글재주 없어도 됩니다.
시작만 하면 됩니다.
AI가 함께합니다.
#책쓰기 #퍼스널브랜딩 #1인작가

…중략…

어떤 톤이 마음에 드세요?

# 책이 여는
# 새로운 기회들

## 책은 기회의 문을 여는 열쇠입니다

책을 출간하고 나면 여러분의 삶에는 예상치 못한 변화가 찾아옵니다. 단순히 책 한 권을 완성했다는 성취감을 넘어서, 실제로 새로운 기회들이 문을 두드립니다. 강연 요청이 들어오고, 컨설팅 문의가 생기며, 함께 프로젝트를 하자는 제안을 받기도 합니다. 이런 기회들은 저절로 오는 것이 아니라, 책이라는 매개체가 여러분의 전문성을 증명하고 신뢰를 만들어내기 때문에 가능해집니다.

많은 사람이 책을 쓰는 이유를 단순히 '작가가 되고 싶어서'라고 생각합니다. 하지만 실제로 책을 쓴 사람들은 책이 여는 세상이 훨씬 크다는 것을 알게 됩니다. 책은 명함이 되고, 포트폴리오가 되며, 신뢰의 증거가 됩니다. 누군가 여러분에게 "당신은 어떤 사람인가요?"라고 물었을 때, "제가 쓴 책이 있습니다"라고 답할 수 있다면 그 대화는 완전히 달라집니다. 책은 여러분이 단순히 아는 사람이 아니라, 자신의 분야에서 깊이 있게 고민하고 정리한 사람이라는 것을 보여줍니다.

이 장에서는 책이 실제로 어떤 기회를 만들어내는지, 그리고 그 기회를 어떻게 확장하고 지속시킬 수 있는지를 다룹니다. 여러분은 이미 책을 완성했거나 완성을 앞두고 있을 것입니다. 이제 그 책을 통해 무엇을 할 수 있는지, 어떤 가능성이 열려 있는지를 구체적으로 이해하게 될 것입니다. 책은 끝이 아니라 시작입니다. 그 시작점에서 여러분이 만들어갈 기회들을 함께 살펴보겠습니다.

## 책이 열어주는 구체적 기회들

책이 가장 먼저 열어주는 기회는 강연입니다. 책을 쓴 사람은 그 분야의 전문가로 인식됩니다. 기업 교육 담당자, 커뮤니티 운영자, 행사 기획자들은 강연자를 찾을 때 책을 쓴 사람을 우선적으로 고려합니다. 책이 있다는 것 자체가 신뢰의 지표이기 때문입니다. 강연은 단순히 수익을 만드는 기회를 넘어서, 여러분의 메시지를 더 많은 사람에게 전달하고 네트워크를 확장하는 기회가 됩니다.

강연 기회는 생각보다 다양한 곳에서 옵니다. 기업 내부 세미나, 공공기관 교육 프로그램, 온라인 클래스 플랫폼, 지역 도서관 강좌, 커뮤니티 모임 등 여러분의 책 주제와 맞는 곳이라면 어디든 가능성이 있습니다. 처음에는 작은 규모의 무료 강연으로 시작할 수도 있지만, 경험이 쌓이면 유료 강연으로 이어지고, 정기적인 강의 요청으로 발전하기도 합니다. 책은 여러분이 무대에 설 수 있는 자격을 만들어줍니다.

두 번째 기회는 컨설팅과 코칭입니다. 책을 읽은 독자 중에는 여러분의 도움을 직접 받고 싶어 하는 사람들이 있습니다. 책에서 다룬 내용을 자신의 상황에 맞게 적용하고 싶거나, 더 깊이 있는 조언을 얻고 싶어 합니다. 이들은 컨설팅 문의를 하거나 일대일 코칭을 요청합니다. 책은 여러분의 전문성을 보여주는 포트폴리오 역할을 하며, 독자는 이미 여러분의 접근 방식을 이해하고 신뢰하는 상태에서 찾아옵니다. 이는 일반적인 컨설팅보다 훨씬 높은 성공률을 보입니다.

세 번째 기회는 클래스와 강좌 개설입니다. 온라인 교육 플랫폼이 발달하면서 누구나 자신의 콘텐츠를 강좌로 만들 수 있게 되었습니다. 책은 강좌의 커리큘럼이 되고, 각 장은 강의 회차가 됩니다. 여러분이 책을 체계적으로 구성했다면, 그 구조를 그대로 활용해 강좌를 만들 수 있습니다. 강좌는 일회성 수익이 아니라 지속적인 수익원이 될 수 있으며, 더 많은 사람에게 여러분의 메시지를 전달하는 확장 도구가 됩니다.

네 번째 기회는 협업과 파트너십입니다. 책을 통해 같은 분야의 다른 전문가들과 연결될 수 있습니다. 여러분의 책을 읽은 누군가가 "함께 프로젝트를 진행해보면 어떨까요?"라고 제안할 수도 있고, 기업이나 기관에서 협력 제안을 할 수도 있습니다. 책은 여러분이 어떤 가치를 추구하고 어떤 방식으로 일하는지를 보여주는 창구입니다. 이를 통해 같은 방향을 바라보는 사람들과 자연스럽게 만나게 됩니다.

마지막으로, 책은 미디어 노출의 기회를 만듭니다. 언론사, 팟캐스트, 유튜브 채널에서는 항상 인터뷰할 전문가를 찾습니다. 책을 쓴 사람은 인터뷰 대상으로 매력적입니다. 명확한 메시지와 이야기 구조가 이미 책에 담겨 있기 때문입니다. 인터뷰 기회는 여러분의 책을 더 많은 사람에게 알릴 수 있는 홍보 채널이 되며, 개인 브랜드를 강화하는 데 큰 도움이 됩니다.

## 기회를 만드는 사람과 기다리는 사람의 차이

같은 책을 출간해도 어떤 사람은 수많은 기회를 만들어내고, 어떤 사람은 아무 일도 일어나지 않았다고 느낍니다. 이 차이는 무엇일까요? 기회를 기다리는 사람과 기회를 만드는 사람의 차이입니다. 기회는 저절로 오지 않습니다. 책이 있다는 사실만으로는 부족합니다. 그 책을 어떻게 활용하느냐가 중요합니다.

기회를 만드는 사람은 능동적으로 움직입니다. 강연 기회를 기다리지 않고, 먼저 강연할 수 있는 곳을 찾아봅니다. 지역 도서관에 제안서를 보내고, 온라인 커뮤니티에서 무료 세미나를 열고, 관련 분야의 행사에 참여해 네트워크를 만듭니다. 첫 번째 강연은 작고 보잘것없어 보일 수 있지만, 그 경험이 쌓이면서 점점 더 큰 무대로 이어집니다. 처음부터 큰 무대를 기대하기보다, 작은 기회부터 직접 만들어가는 자세가 필요합니다.

또한, 기회를 만드는 사람은 자신의 책을 지속해서 알립니다. 한 번 홍보하고 끝내는 것이 아니라, 꾸준히 콘텐츠를 만들고 공유합니다. 책의 핵심 메시지를 다양한 형태로 재가공해 블로그에 올리고, SNS에 공유하며, 이메일 뉴스레터로 보냅니다. 이런 활동이 쌓이면 자연스럽게 사람들의 눈에 띄게 되고, 기회로 연결됩니다. 여러분이 먼저 문을 두드려야 누군가 그 문을 열어줍니다.

기회를 확장하는 또 하나의 방법은 책을 중심으로 한 생태계를 만드는 것입니다. 책 하나로 끝내지 않고, 그 책을 기반으로 다양한 콘텐츠와 서비스를 만듭니다. 예를 들어 책의 내용을 요약한 워크북을 만들거나, 절별 실습 가이드를 제공하거나, 독자 커뮤니티를 운영하는 식입니다. 이런 확장 활동은 독자와의 연결을 강화하고, 책이 단순한 일회성 콘텐츠가 아니라 지속적인 관계의 시작점이 되도록 만듭니다.

## 책을 수익으로 연결하는 단계적 전략

책이 여는 기회들을 실제 수익으로 만들려면 명확한 전략이 필요합니다. 많은 사람이 '책을 냈으니 자동으로 돈이 들어올 것'이라고 기대하지만, 현실은 다릅니다. 책은 입구 상품입니다. 독자가 여러분을 알아가는 첫 접점이며, 그다음 단계로 자연스럽게 이어질 수 있도록 설계해야 합니다.

가장 효과적인 방법은 단계적 수익 구조를 만드는 것입니다. 첫 단계는 무료 또는 저가 콘텐츠입니다. 책, 블로그 글, 무료 세미나 등이 여기에 해당합니다. 이 단계에서 독자는 여러분의 메시지와 방식을 경험합니다. 두 번째 단계는 중간 가격대의 상품입니다. 워크북, 온라인 강좌, 소규모 그룹 코칭 등이 포함됩니다. 이 단계에서 독자는 더 깊이 배우고 실천합니다. 세 번째 단계는 고가 프리미엄 서비스입니다. 일대일 컨설팅, 맞춤형 프로그램, 장기 멘토링 등이 여기에 속합니다.

이런 구조를 만들 때 중요한 것은 각 단계 사이의 자연스러운 연결입니다. 책을 읽은 독자에게 "더 실천하고 싶으시다면 워크북을 확인해보세요"라고 안내하고, 워크북을 구매한 사람에게는 "일대일 코칭이 필요하시면 연락 주세요"라고 제안하는 식입니다. 각 단계는 다음 단계로 가는 자연스러운 통로가 되어야 합니다.

가격 설정도 전략적으로 접근해야 합니다. 강연료는 여러분의 경험, 청중 규모, 주제의 전문성에 따라 달라집니다. 처음에는 무료나 소액으로 시작해 경험을 쌓고, 점차 가격을 올려갑니다. 컨설팅은 시간 기반 요금제(시간당 요금)나 프로젝트 기반 요금제(결과물당 요금) 중에서 선택할 수 있습니다. 온라인 강좌는 일회성 구매 또는 구독 모델로 운영할 수 있습니다. 중요한 것은 여러분이 제공하는 가치에 합당한 가격을 책정하는 것입니다.

## AI와 함께 기회를 확장하는 방법

기회를 만들고 확장하는 과정에서 AI는 강력한 파트너가 됩니다. 강연 제안서를 작성하거나, 컨설팅 서비스 소개 페이지를 만들거나, 강좌 커리큘럼을 설계할 때 AI의 도움을 받을 수 있습니다. 여러분이 책을 썼다는 것은 이미 AI와 협업하는 방법을 알고 있다는 뜻입니다. 그 경험을 책 이후의 활동에도 그대로 적용하면 됩니다.

강연 제안서를 작성할 때 AI에게 "내 책의 핵심 메시지를 기반으로 기업 교육용 강연 제안서를 만들어줘"라고 요청할 수 있습니다. AI는 여러분의 책 내용을 바탕으로 강연 주제, 세부 내용, 기대 효과 등을 체계적으로 정리해줍니다. 여러분은 그것을 약간 수정해서 실제 제안서로 활용하면 됩니다. 이렇게 하면 제안서 작성에 드는 시간을 크게 줄이면서도 완성도 높은 자료를 만들 수 있습니다.

컨설팅 서비스를 제공하고 싶다면, AI에게 서비스 소개 페이지의 초안을 요청할 수 있습니다.

"내 책의 내용을 바탕으로 컨설팅 서비스를 설명하는 웹페이지 문구를 만들어줘. 독자가 왜 나의 컨설팅을 받아야 하는지 명확하게 전달해야 해."

이렇게 요구하면, AI는 여러 버전의 문구를 제안합니다. 여러분은 그중에서 가장 마음에 드는 것을 선택하거나, 여러 버전을 조합해 최종 문구를 완성할 수 있습니다.

강좌를 개설할 때도 AI는 유용합니다. 책의 절 구조를 강좌 회차로 변환하고, 각 회차의 학습 목표와 핵심 내용을 정리하는 작업을 AI와 함께할 수 있습니다.

"내 책의 3장 내용을 60분짜리 강의로 만들려고 해. 도입-전개-마무리 구조로 강의 스크립트를 작성해줘."

이런 요청을 하면, AI는 강의 흐름을 제안합니다. 여러분은 그것을 바탕으로 실제 강의 자료를 준비하면 됩니다.

책 이후의 기회는 무한합니다. 하지만 그 기회는 저절로 오지 않습니다. 여러분이 먼저 움직이고, 책을 활용하며, 지속적으로 콘텐츠를 만들어갈 때 기회는 현실이 됩니다. AI는 그 과정에서 여러분의 시간과 에너지를 절약해주는 도구입니다. 책을 쓸 때처럼, 책 이후의 활동에서도 AI와 함께한다면 여러분은 훨씬 더 빠르고 효율적으로 기회를 확장할 수 있습니다. 책 한 권이 여러분의 삶을 어떻게 바꿀 수 있는지, 이제 직접 경험하게 될 것입니다.

# AI와 함께하는
# 작가 인생 10년 플랜

## 첫 책은 시작일 뿐입니다

첫 책을 완성하는 순간, 여러분은 엄청난 성취감을 느낄 것입니다. 막막했던 시작점에서 완성된 책까지 도달한 여정은 절대 쉽지 않았을 것입니다. 하지만 이 성취는 끝이 아닙니다. 오히려 새로운 시작입니다. 첫 책은 여러분이 작가로서 걸어갈 긴 여정의 첫걸음이며, 이제부터 펼쳐질 가능성의 출발점입니다.

많은 사람이 첫 책을 쓰고 나면 멈춥니다. '책 한 권 썼으니 충분해'라고 생각하거나, '다음 책은 언젠가'라며 미루기도 합니다. 하지만 진짜 변화는 지속성에서 옵니다. 한 권의 책은 여러분을 작가로 만들지만, 여러 권의 책은 여러분을 그 분야의 권위자로 만듭니다. 꾸준히 책을 쓰고, 콘텐츠를 만들고, 독자와 소통하는 사람은 시간이 지날수록 더 강력한 브랜드를 구축하게 됩니다.

이 장에서는 첫 책 이후 여러분이 어떻게 작가로서의 여정을 이어갈 수 있는지, 장기적 관점에서 어떤 전략을 세워야 하는지를 다룹니다. 10년이라는 시간은 길어 보이지만, 명확한 방향이 있다면 충분히 실현 가능한 계획입니다. AI와 함께라면 그 여정은 더욱 수월하고 즐거울 것입니다. 여러분의 첫 책은 하나의 점입니다. 이제 그 점들을 연결해 선을 만들고, 면을 만들어가는 과정을 시작할 차례입니다.

## 두 번째 책, 그리고 그 너머

첫 책을 완성한 사람에게 가장 자주 하는 질문이 있습니다.

"다음 책은 언제 쓸 건가요?"

듣는 사람에게 이 질문이 부담스럽게 느껴질 수도 있지만, 사실 두 번째 책은 첫 번째 책보다 훨씬 쉽습니다. 여러분은 이미 한 권을 완성한 경험이 있고, 그 과정에서 무엇이 효과적인지 알게 되었습니다. AI와 협업하는 방법도 익혔습니다. 이제 그 경험을 바탕으로 더 빠르고 효율적으로 다음 책을 쓸 수 있습니다.

두 번째 책의 주제는 어디서 나올까요? 첫 번째 책을 쓰면서 미처 다루지 못한 주제가 보일 것입니다. 독자의 피드백을 통해 더 깊이 다뤄야 할 부분도 발견할 것입니다. 강연이나 컨설팅을 하면서 자주 받는 질문들이 새로운 책의 소재가 될 수도 있습니다. 첫 책이 개론서였다면 두 번째 책은 심화편이 될 수 있고, 첫 책이 이론 중심이었다면 두 번째 책은 실전 사례 중심이 될 수 있습니다. 책은 서로 연결되며 시리즈를 형성합니다.

두 번째 책을 쓸 때 중요한 것은 타이밍입니다. 전통적인 방식에서는 첫 책이 독자를 만나고 피드백을 받는 시간을 가진 후, 3개월에서 6개월 정도 지나 두 번째 책을 시작합니다. 하지만 AI와 함께 쓰는 시대에는 전혀 다른 접근이 가능합니다. 저는 오히려 첫 책을 마치고 바로 두 번째 책을 시작하라고 권합니다.

왜 그럴까요? 첫째, AI 활용 능력은 실전에서 빠르게 향상됩니다. 첫 책을 쓰면서 여러분은 AI와 대화하는 법, 프롬프트를 다듬는 법, 결과물을 정리하는 법을 배웠습니다. 하지만 아직 완벽하지 않습니다. 그 능력이 가장 날카로운 순간은 바로 지금입니다. 몇 개월 쉬면 감각이 무뎌집니다. 바로 이어서 쓰면 첫 책에서 배운 것을 즉시 적용하며, AI 활용 능력이 기하급수적으로 향상됩니다.

둘째, 첫 책은 아무래도 부족함이 많습니다. 구조가 완벽하지 않거나, 문체가 일관되지 않거나, 설명이 충분하지 않은 부분이 있을 것입니다. 그 부족함의 상당 부분은 AI 활용이 미숙했기 때문입니다. 두 번째 책을 바로 쓰면, 첫 책에서 아쉬웠던 부분을 개선하며 훨씬 완성도 높은 책을 만들 수 있습니다. 실제로 두 번째 책이 첫 책보다 절반의 시간에 두 배의 품질로 나오는 경우가 많습니다.

셋째, 첫 책의 홍보는 일부 자동화할 수 있습니다. AI에게 SNS 게시글, 블로그 포스트, 이메일 뉴스레터를 미리 만들어두고 정기적으로 올리도록 설정할 수 있습니다. 여러분은 홍보에 모든 시간을 쏟지 않고, 두 번째 책 집필에 집중하면 됩니다. 독자 피드백은 어차피 몇 달 뒤에 본격적으로 들어옵니다. 그때 세 번째 책이나 개정판에 반영하면 됩니다.

세 번째, 네 번째 책으로 이어지면서 여러분은 자신만의 집필 루틴을 확립하게 됩니다. 1년에 한 권씩 쓸 수도 있고, 2년에 한 권씩 깊이 있게 쓸 수도 있습니다. 중요한 것은 꾸준함입니다. 정기적으로 책을 출간하는 작가는 독자들에게 신뢰를 줍니다. '이 사람은 계속 성장하고 있구나', '이 사람의 다음 책도 기대된다'라는 인식을 심어줍니다. 이런 신뢰가 쌓이면 여러분은 단순한 작가가 아니라, 그 분야를 대표하는 사상가이자 리더가 됩니다.

## 책을 중심으로 한 콘텐츠 생태계 만들기

———

책 한 권으로 끝내지 말고, 그 책을 중심으로 다양한 콘텐츠를 만들어보세요. 책은 핵심 콘텐츠이고, 그 주변에 블로그 글, 유튜브 영상, 팟캐스트, 뉴스레터, 워크북, 강의 자료 등이 배치됩니다. 이렇게 하면 책 하나가 여러 형태로 확장되며, 더 많은 사람에게 도달할 수 있습니다. 어떤 사람은 책을 읽고 싶어 하고, 어떤 사람은 영상으로 배우고 싶어 하며, 어떤 사람은 워크북으로 직접 실습하고 싶어 합니다. 다양한 형태의 콘텐츠는 다양한 독자를 만나게 해줍니다.

콘텐츠 생태계를 만드는 가장 좋은 방법은 OSMU, 즉 One Source Multi Use입니다. 하나의 원천 콘텐츠인 책을 다양한 형태로 재가공하는 것입니다. 책의 한 절을 요약해서 블로그에 올리고, 그 내용을 바탕으로 10분짜리 유튜브 영상을 만들고, 핵심 메시지를 뽑아 SNS에 공유하는 식입니다. 같은 내용이지만 형태가 다르기 때문에 각각의 채널에서 새로운 독자를 만날 수 있습니다. 이런 활동은 책의 홍보 효과도 있지만, 더 중요한 것은 여러분의 메시지가 더 넓게 퍼진다는 점입니다.

워크북은 특히 효과적인 콘텐츠입니다. 책을 읽은 독자가 실제로 실행할 수 있도록 돕는 실습 도구입니다. 예를 들어 여러분이 목표 설정에 관한 책을 썼다면, 목표 설정 워크북을 만들어 독자가 직접 자신의 목표를 작성하고 계획을 세울 수 있도록 할 수 있습니다. 워크북은 유료로 판매할 수도 있고, 책을 구매한 독자에게 무료로 제공할 수도 있습니다. 이런 추가 콘텐츠는 독자와의 관계를 강화하고, 책의 가치를 높입니다.

강의 자료와 온라인 강좌도 콘텐츠 생태계의 중요한 부분입니다. 책의 내용을 강좌로 만들어 온라인 플랫폼에 올리면, 책을 읽지 않은 사람들도 여러분의 메시지를 접할 수 있습니다. 강좌를 수강한 사람은 더 깊이 공부하기 위해 책을 구매할 수도 있고, 책을 읽은 사람은 실습을 위해 강좌를 수강할 수도 있습니다. 이렇게 서로 다른 콘텐츠가 유기적으로 연결되면, 하나의 생태계가 만들어집니다.

## AI와 함께 성장하는 10년 로드맵

10년이라는 시간 동안 여러분은 어떤 작가가 되고 싶으신가요? 그 질문에 대한 답이 여러분의 로드맵이 됩니다. 10년 후 여러분의 모습을 구체적으로 상상해보세요. 몇 권의 책을 쓰고 싶은지, 어떤 주제로 인정받고 싶은지, 어떤 활동을 하고 있을지 그려보세요. 그 미래 모습에서 역으로 계산하면 지금 무엇을 해야 하는지가 보입니다.

예를 들어 10년 후 특정 분야의 권위자로 인정받고 싶다면, 그

   7장 | 출간 후, 진짜 시작이다

분야에서 최소 5권 이상의 책이 필요할 것입니다. 5권을 10년에 나누면 2년에 한 권입니다. 이는 충분히 달성 가능한 목표입니다. 첫해에는 첫 책을 완성하고, 그다음 해에는 첫 책의 반응을 보며 강연과 콘텐츠 제작에 집중하고, 3년 차에는 두 번째 책을 쓰는 식으로 구체적인 단계를 설정할 수 있습니다.

AI는 이 10년 여정의 든든한 동반자입니다. 첫 책을 쓸 때 사용한 AI는 시간이 지나면서 더욱 발전할 것입니다. 더 정교해지고, 더 많은 것을 도울 수 있게 됩니다. 여러분도 AI를 활용하는 능력이 계속 향상될 것입니다. 처음에는 초고 작성에만 사용했다면, 나중에는 전체 프로세스를 AI와 함께 설계하고 실행할 수 있게 됩니다. AI와의 협업은 단순히 도구를 사용하는 것이 아니라, 함께 성장하는 파트너십입니다.

10년 로드맵을 세울 때 중요한 것은 유연성입니다. 계획은 완벽하지 않아도 됩니다. 상황이 바뀌면 계획도 바뀔 수 있습니다. 예상치 못한 기회가 생길 수도 있고, 새로운 관심사가 생길 수도 있습니다. 그럴 때마다 로드맵을 조정하면 됩니다. 중요한 것은 큰 방향을 잃지 않는 것입니다.

"나는 계속 쓰고, 계속 성장하며, 계속 독자와 연결될 것이다."

이 원칙을 유지하는 게 핵심입니다.

마지막으로, 10년 후의 여러분을 상상하며 지금 할 수 있는 작은 행동을 시작하세요. 오늘 블로그에 글 하나를 올리고, 다음 책의 주제를 메모하고, AI와 대화하며 아이디어를 정리하세요. 작은 행동들이 쌓여 10년 후의 여러분을 만듭니다. 첫 책을 완성한 여러분은 이미 그 여정을 시작했습니다. 이제 멈추지 말고 계속 걸어가세요. AI와 함께라면 그 길은 결코 외롭지 않을 것입니다.

# 흔들려도
# 다시 쓰는 법

**8장**

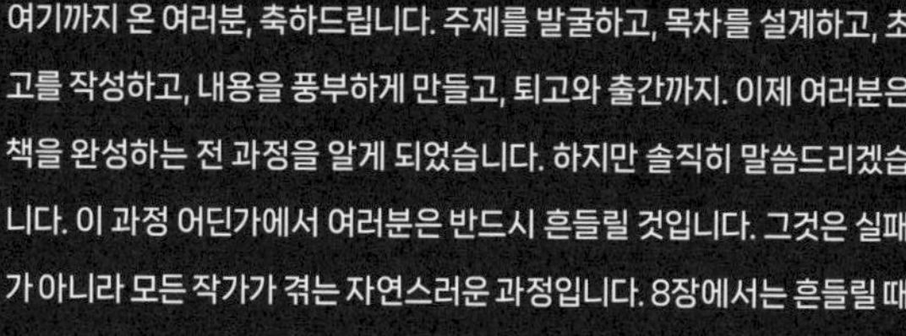

여기까지 온 여러분, 축하드립니다. 주제를 발굴하고, 목차를 설계하고, 초고를 작성하고, 내용을 풍부하게 만들고, 퇴고와 출간까지. 이제 여러분은 책을 완성하는 전 과정을 알게 되었습니다. 하지만 솔직히 말씀드리겠습니다. 이 과정 어딘가에서 여러분은 반드시 흔들릴 것입니다. 그것은 실패가 아니라 모든 작가가 겪는 자연스러운 과정입니다. 8장에서는 흔들릴 때 다시 일어설 수 있는 구조적 장치를 만드는 법을 이야기합니다.

# 작가로 살아가는 마음가짐

## 슬럼프는 반드시 찾아온다

집필을 시작하고 어느 정도 진행하면, 거의 모든 사람이 이런 생각을 합니다.

'내가 이걸 왜 시작했지?'

'이 책을 누가 읽을까?'

'내 글이 너무 형편없는 것 같아.'

이런 생각이 든다면, 축하드립니다. 여러분은 정상입니다. 모든 작가가 겪는 과정을 경험하고 있는 것입니다.

슬럼프가 찾아오는 시점은 사람마다 다릅니다. 어떤 분은 목차를 정하고 막상 초고를 쓰려는 순간 막막함을 느끼고, 어떤 분은 중반을 넘어설 무렵 지쳐서 멈추고, 어떤 분은 거의 다 왔는데 마지막 스퍼트에서 힘이 빠집니다. 시점은 달라도 슬럼프 자체는 누구에게나 찾아옵니다.

저는 수많은 사람과 함께 책을 쓰는 과정에서 한 가지 패턴을 발견했습니다. 완주한 사람과 중도에 그만둔 사람의 차이는 흔들리지 않았느냐가 아니라, 흔들렸을 때 어떻게 대응했느냐였습니다. 완주한 사람들도 똑같이 흔들렸습니다. 차이는 그들이 흔들림을 견디는 구조를 가지고 있었다는 점입니다.

슬럼프는 감정의 문제가 아닙니다. 시스템의 문제입니다. "오늘은 의욕이 없어"라고 말할 때, 실제로는 다음 할 일이 명확하지 않거나, 진행 상황을 가늠할 수 없거나, 혼자라는 느낌 때문입니다. 감정은 결과이지 원인이 아닙니다. 시스템이 무너지면 감정도 무너집니다.

## 흔들림을 견디는 세 가지 장치

첫 번째 장치는 가시적 진행 지표입니다. 여러분이 무너지는 이유 중 하나는 '내가 얼마나 왔는지' 모르기 때문입니다. 전체 목차 20개 중 7개를 완성했다면, 여러분은 이미 35퍼센트를 완주한 것입니다. 이것을 눈으로 볼 수 있어야 합니다.

간단한 체크리스트를 만드세요. 전체 절 목록을 적고, 완성할 때마다 체크 표시를 합니다. 디지털 도구를 쓰든, 종이에 적든 상관없습니다. 중요한 것은 매일 보는 것입니다. 체크 표시가 하나씩 늘어날 때마다 뇌는 보상을 느낍니다. 이 작은 성취감이 다음 절을 쓰게 만듭니다.

두 번째 장치는 최소 실행 단위입니다. 슬럼프에 빠지면 '오늘은 한 절을 완성해야 해'라는 목표가 부담스럽게 느껴집니다. 이럴 때는 목표를 최소화하세요.

'오늘은 300자만 쓴다.'

'오늘은 한 문단만 수정한다.'

'오늘은 AI와 5분만 대화한다.'

이것만으로도 충분합니다.

중요한 것은 완전히 멈추지 않는 것입니다. 하루에 300자를 쓰더라도, 일주일이면 2,100자가 됩니다. 한 달이면 한 절이 완성됩니다. 천천히 가도 괜찮습니다. 멈추지 않으면 언젠가 도착합니다. 저는 이것을 '제로 데이 방지 원칙'이라고 부릅니다. 아무것도 하지 않는 날을 만들지 않는 것입니다. 단 한 문장이라두 쓰면, 그날은 제로 데이가 아닙니다.

세 번째 장치는 외부 약속입니다. 혼자 쓸 때는 미루기 쉽습니다. 하지만 누군가와 약속하면 달라집니다. 친구에게 "이번 주까지 10절을 완성하고 보여줄게"라고 말하세요. 글쓰기 커뮤니티에 가입해서 주간 진행 상황을 공유하세요. SNS에 "오늘 1,000자 썼다"라고 올리세요.

외부 약속은 책임감을 만듭니다. 완벽한 원고를 보여줄 필요는 없습니다. 진행 상황만 공유해도 충분합니다. 가능하다면 같은 시기에 책을 쓰는 동료를 찾으세요. 혼자 쓰는 것과 함께 쓰는 것은 완전히 다른 경험입니다.

## AI는 흔들릴 때 더 필요하다

많은 사람이 AI를 단순히 글을 쓰는 도구로만 생각합니다. 하지만 AI의 진짜 가치는 흔들릴 때 드러납니다. AI는 여러분이 혼자가 아니라는 느낌을 줍니다. 언제든 대화할 수 있는 파트너가 있다는 것, 그것이 슬럼프를 견디게 만듭니다.

슬럼프에 빠졌을 때 AI에게 솔직하게 말하세요.

"오늘은 쓰기 싫어. 내 글이 너무 형편없는 것 같아."

AI는 판단하지 않습니다. 대신 여러분의 감정을 인정하고, 다시 시작할 수 있는 작은 질문을 던집니다.

"그럼 오늘은 어떤 작은 부분부터 시작해볼까요?"

"지금까지 쓴 부분 중 가장 마음에 드는 문장이 뭐예요?"

AI와의 대화는 글쓰기를 재개하는 워밍업이 됩니다. 글을 쓰기 전에 5분간 AI와 대화하며 마음을 풀어보세요. 대화하다 보면 어느새 쓰고 싶은 문장이 떠오릅니다. 또한, AI는 여러분의 글에 대해 긍정적 피드백을 줍니다. "지금까지 쓴 내용을 평가해줘"라고 요청하면, AI는 잘된 부분을 구체적으로 짚어줍니다. 혼자 쓸 때는 부정적인 생각만 커지지만, AI는 그 악순환을 끊어줍니다.

흔들림을 견디는 데 있어 환경과 루틴의 힘도 결정적입니다. 매일 같은 장소에서, 같은 시간에, 같은 방식으로 글을 쓰면 의지력에 의존하지 않아도 됩니다. 지속 가능한 글쓰기 환경을 만드는 방법은 부록 A에, AI와 협업하는 하루 루틴 설계는 부록 B에 정리해 두었습니다. 본격적으로 집필을 시작하기 전에 꼭 읽어보시기 바랍니다.


## 멈추지 않으면 반드시 완성된다

———

흔들릴 때 이것 하나만 기억하세요. 멈추지 않으면 반드시 완성됩니다. 속도는 중요하지 않습니다. 하루에 300자를 쓰든, 3,000자를 쓰든, 멈추지 않는 사람이 결국 책을 완성합니다. 빠르게 달리다 멈춘 사람보다, 천천히 걷더라도 계속 가는 사람이 먼저 도착합니다.

지금 여러분이 흔들리고 있다면, 그것은 정상입니다. 모든 작가가 겪는 과정입니다. 중요한 것은 흔들림 속에서도 최소한의 한 걸음을 내딛는 것입니다. 오늘 300자를 쓰고, 내일 또 300자를 쓰고, 모레도 계속하세요. 그렇게 하루하루 쌓이면, 어느새 책 한 권이 완성되어 있을 것입니다.

가시적 진행 지표로 자신이 얼마나 왔는지 확인하세요.

최소 실행 단위로 제로 데이를 방지하세요.

외부 약속으로 책임감을 만드세요.

AI와 대화하며 마음을 풀고 자신감을 회복하세요.

이 네 가지 장치가 여러분을 끝까지 데려다줄 것입니다.

AI와 함께라면, 여러분은 혼자가 아닙니다. 환경과 루틴이 갖춰져 있다면, 여러분은 멈추지 않을 것입니다. 그리고 멈추지 않으면, 반드시 완성됩니다. 이제 에필로그에서 여러분을 기다리겠습니다. 작가로서의 첫걸음을 내딛은 여러분에게 전할 마지막 이야기가 있습니다.

# 이제 당신의
# 첫 문장을 쓸 시간입니다

**여기까지 온 당신에게**

이 책의 마지막 페이지까지 함께해주셔서 감사합니다. 여러분은 이미 중요한 한 걸음을 내디뎠습니다. 책을 쓰고 싶다는 마음을 품고, 그 방법을 찾아 이 책을 읽었다는 것 자체가 시작입니다. 많은 사람이 막연한 꿈으로만 간직하는 것을, 여러분은 실천 가능한 계획으로 바꾸기 위해 이 자리까지 왔습니다.

하지만 저는 알고 있습니다. 지금 여러분의 마음 한편에는 여전히 두려움이 자리하고 있을 것입니다.

'정말 내가 할 수 있을까?'

'시작은 했는데 끝까지 갈 수 있을까?'

'내 글이 과연 누군가에게 읽힐까?'

이런 질문들이 머릿속을 맴돌고 있을지도 모릅니다.

괜찮습니다. 그 두려움은 자연스러운 것입니다. 새로운 일을 시작하는 모든 사람이 겪는 감정입니다. 중요한 것은 그 두려움 때문에 시작을 미루지 않는 것입니다. 이제 여러분 손에는 지도가 있습니다. STORIES 프레임워크라는 명확한 길잡이가 있고, AI라는 든든한 파트너가 곁에 있습니다. 혼자가 아닙니다.

## 완벽하지 않아도 괜찮습니다

첫 책을 쓰는 사람들이 가장 많이 하는 실수가 있습니다. 완벽한 책을 쓰려고 한다는 것입니다. 완벽한 주제, 완벽한 목차, 완벽한 문장을 찾다가 결국 한 줄도 쓰지 못하고 포기하는 경우를 수없이 봤습니다.

하지만 진실을 말씀드리겠습니다. 완벽한 첫 책은 없습니다. 아니, 완벽한 책 자체가 없습니다. 베스트셀러 작가들도 자신의 첫 책을 돌아보면 아쉬운 점이 한두 가지가 아니라고 말합니다. 중요한 것은 완벽함이 아니라 완성입니다.

여러분의 첫 책은 여러분 인생의 첫 작품입니다. 지금의 여러분이 할 수 있는 최선을 다해 쓰면 됩니다. 문장이 매끄럽지 않아도, 구성이 완벽하지 않아도, 그 책은 충분히 가치가 있습니다. 왜냐면

 에필로그 | 이제 당신의 첫 문장을 쓸 시간입니다

그 책에는 여러분만이 가진 경험과 통찰이 담겨 있기 때문입니다.

그리고 기억하세요. 첫 책은 끝이 아니라 시작입니다. 첫 책을 완성하는 과정에서 여러분은 글쓰기의 구조를 배우고, AI와 협업하는 방법을 익히며, 자신만의 문체를 발견하게 됩니다. 두 번째 책은 더 수월할 것이고, 세 번째 책은 더욱 능숙하게 쓸 수 있을 것입니다. 모든 작가는 첫 책을 완성하면서 진짜 작가가 됩니다.

### AI는 당신 곁에 있습니다

이 책을 읽으며 여러분은 AI를 활용하는 다양한 방법을 배웠습니다. 주제를 발굴하고, 목차를 설계하고, 초고를 작성하고, 내용을 풍부하게 만드는 모든 과정에서 AI가 어떻게 도울 수 있는지 알게 되었습니다.

하지만 AI를 두려워하거나 어색하게 느끼는 분들도 계실 것입니다.

'나는 기계와 대화하는 게 익숙하지 않은데.'

'AI가 내 글을 대신 쓰면 그게 진짜 내 글일까?'

이런 고민을 하실 수도 있습니다.

명확히 말씀드립니다. AI는 여러분의 글을 대신 쓰지 않습니다. AI는 여러분의 생각을 정리하고, 구조를 잡아주고, 표현을 다듬는 데 도움을 줄 뿐입니다. 핵심 메시지는 여러분에게서 나옵니다. 여러분의 경험, 여러분의 통찰, 여러분의 관점이 책의 중심입니다. AI 는 그것을 더 명확하고 효과적으로 전달할 수 있도록 돕는 도구입 니다.

마치 작곡가가 악기를 사용해 음악을 만드는 것처럼, 여러분은 AI라는 도구를 사용해 여러분의 이야기를 책으로 엮어내는 것입니 다. 악기가 음악을 대신 만들어주지 않듯이, AI도 책을 대신 써주 지 않습니다. 하지만 악기 없이 음악을 만들기 어렵듯이, AI 없이 효 율적으로 책을 쓰기는 어렵습니다.

그리고 AI와의 협업은 시간이 지날수록 자연스러워집니다. 처음 에는 어떤 질문을 해야 할지, 어떻게 프롬프트를 작성해야 할지 막 막할 수 있습니다. 하지만 몇 번 대화를 나누다 보면, 여러분만의 협 업 방식이 생깁니다. AI가 여러분의 생각을 이해하는 속도가 빨라 지고, 여러분도 AI에게 더 효과적으로 의도를 전달하게 됩니다. 이 것이 바로 AI 시대의 새로운 글쓰기입니다.

### 당신의 책이 세상에 나오는 그날

이제 여러분이 책을 완성하고 세상에 내놓는 순간을 상상해보 세요. 여러분의 이름이 표지에 새겨진 책을 처음 손에 들었을 때의 감동을. 가족과 친구들이 여러분의 책을 읽고 축하해주는 순간을. 낯선 독자가 여러분의 책을 읽고 감사 메시지를 보내오는 경험을.

그 순간, 여러분은 단순히 책 한 권을 완성한 것이 아닙니다. 여러분은 작가가 된 것입니다. 그리고 그 정체성은 여러분의 삶에 새로운 가능성을 열어줍니다.

책을 출간한 후, 여러분이 경험하게 될 변화는 구체적입니다. 먼저, 퍼스널 브랜딩이 강화됩니다. 여러분은 더 이상 '관심 있는 사람'이 아니라 '그 분야의 책을 쓴 전문가'가 됩니다. 검색 포털에 여러분의 이름을 입력하면 책이 나타나고, 그것은 여러분의 전문성을 증명하는 가장 강력한 증거가 됩니다.

강연과 인터뷰 요청이 들어옵니다. 책은 여러분이 무대에 설 수 있는 자격을 만들어줍니다. 콘텐츠가 필요한 미디어, 전문가를 찾는 기업, 강사를 구하는 교육기관이 여러분을 찾게 됩니다. 책은 여러분의 이력서이자 명함이자 포트폴리오가 됩니다.

새로운 비즈니스 기회도 생깁니다. 책을 기반으로 한 컨설팅, 코칭, 클래스 개설 등 다양한 수익 모델이 가능해집니다. 책 자체의 인세 수익도 있지만, 더 큰 가치는 책이 여러분에게 가져다주는 간접적 기회들입니다.

그리고 무엇보다, 여러분은 자신을 더 깊이 이해하게 됩니다. 책을 쓰는 과정은 자신의 생각을 정리하고, 경험을 돌아보고, 자신만의 철학을 세우는 과정입니다. 책을 완성했을 때, 여러분은 더 명확한 자기 정체성을 갖게 됩니다.

**두 번째 책, 세 번째 책으로**

첫 책을 완성하면, 자연스럽게 두 번째 책이 보입니다. 첫 책을 쓰며 다 담지 못했던 이야기, 새롭게 발견한 주제, 독자들의 피드백에서 얻은 영감이 다음 책의 씨앗이 됩니다.

그리고 두 번째 책은 훨씬 수월합니다. 이미 한 번 전 과정을 경험했기 때문에, 주제를 선정하는 것도, 목차를 짜는 것도, 초고를 작성하는 것도 익숙해집니다. AI와의 협업도 더 능숙해지고, 자신만의 집필 루틴도 확립됩니다.

어떤 분들은 시리즈로 확장하기도 합니다. 입문서를 썼다면 실전서를 쓰고, 개론서를 썼다면 심화서를 씁니다. 또 어떤 분들은 전혀 다른 분야의 책에 도전하기도 합니다. 한 번 작가가 되면, 여러분은 평생 작가로 살아갈 수 있는 능력을 갖추게 됩니다.

그리고 책은 계속 진화합니다. 전자책으로 시작했다면 종이책으로 확장할 수 있고, 책의 내용을 강의로 만들 수도 있으며, 유튜브 콘텐츠로 재가공할 수도 있습니다. 한 권의 책은 여러 형태의 콘텐츠로 확장되며 여러분의 영향력을 키워갑니다.

**마지막 인사**

작가 시대가 열렸습니다. 이 시대에는 특별한 재능이나 문학적 배경이 없어도 누구나 작가가 될 수 있습니다. 필요한 것은 단 두 가

   에필로그 | 이제 당신의 첫 문장을 쓸 시간입니다

지입니다. 나눌 이야기와 시작하려는 용기입니다.

여러분에게는 이미 나눌 이야기가 있습니다. 여러분이 살아온 삶, 쌓아온 경험, 배워온 지식, 느껴온 감정 모두가 책이 될 수 있습니다. 이제 필요한 것은 용기입니다. 첫 문장을 쓸 용기, 끝까지 완주할 용기, 세상에 내놓을 용기입니다.

AI는 여러분 곁에서 그 용기를 북돋아 줄 것입니다. 막막할 때 방향을 제시하고, 지칠 때 함께 정리해주며, 불안할 때 구조를 잡아줄 것입니다. 여러분은 혼자가 아닙니다.

이 책을 덮는 순간, 여러분의 첫 책쓰기가 시작됩니다. 망설이지 마세요. 완벽하지 않아도 괜찮습니다. 서툴러도 괜찮습니다. 중요한 것은 시작하는 것, 그리고 끝까지 가는 것입니다.

저는 여러분이 곧 작가가 되리라 믿습니다. 여러분의 이름이 새겨진 책이 세상에 나오는 그날을, 여러분이 자랑스럽게 "저는 작가입니다"라고 말하는 그 날을 기대합니다.

AI와 함께라면, 누구나 책을 쓸 수 있습니다. 이제 여러분의 차례입니다. 첫 문장을 써보세요. 여러분의 작가 인생이 지금 시작됩니다.

# 지속 가능한
# 글쓰기 환경 만들기

## 물리적 공간과 디지털 환경 정비 가이드

책을 완성하는 사람과 중도에 그만두는 사람의 차이는 재능이 아닙니다. 환경입니다. 의지력에 의존하면 언젠가 무너집니다. 하지만 환경이 갖춰져 있다면, 의지력을 쓰지 않고도 매일 글을 쓸 수 있습니다. 이 부록에서는 지속 가능한 집필을 위한 물리적 공간과 디지털 환경을 정비하는 구체적인 방법을 안내합니다.

### 전용 공간 확보하기

거창한 서재가 필요한 것은 아닙니다. 중요한 것은 '이곳에서는 글을 쓴다'는 명확한 경계입니다. 소파, 식탁, 침대 어디든 상관없지만, 그곳이 집필 공간으로 일관되게 사용되어야 합니다. 같은 장소에서 같은 시간에 반복해서 글을 쓰면, 그 공간 자체가 집중을 유도하는 방아쇠가 됩니다. 3주만 반복하면, 그 자리에 앉는 것만으로도 글쓰기 모드로 전환되는 경험을 하게 될 것입니다.

### 책상 환경 최소화하기

책상 위는 최소한으로 유지하세요. 노트북, 메모장, 펜 정도면 충분합니다. 책상 위에 업무 서류나 청구서가 쌓여 있으면, 뇌는 집필보다 다른 일을 먼저 떠올립니다. 환경은 곧 신호입니다. 책을 쓰는 동안 다른 일을 하지 않겠다는 신호를 스스로에게 주세요.

### 조명과 소음 관리하기

어두운 곳에서 글을 쓰면 집중력이 떨어집니다. 자연광이 들어오는 곳이 좋지만, 그렇지 않다면 책상 스탠드를 활용하세요. 밝은 조명은 뇌를 깨우고 글쓰기 모드로 전환시킵니다.

소음 관리도 필요합니다. 집중이 잘 되는 환경은 사람마다 다릅니다. 완벽한 정적을 선호하는 사람도 있고, 카페의 웅성거림 속에서 더 잘 쓰는 사람도 있습니다. 중요한 것은 여러분이 어떤 환경에서 집중이 잘 되는지 파악하고, 그 환경을 의도적으로 만드는 것입

니다. 노이즈 캔슬링 이어폰, 백색소음 앱 등을 활용해 여러분만의
집중 환경을 설계하세요.

### 폴더 구조 단순화하기

파일이 흩어져 있거나 폴더 구조가 복잡하면, 어제 작업한 파일
을 찾는 것만으로도 집필 의욕이 반으로 줄어듭니다. 폴더 구조는
단순하게 만드세요. 최상위 폴더에 '책프로젝트_책제목'을 만들고,
그 안에 '원고', '자료', '백업'이라는 세 개의 하위 폴더만 두면 충분
합니다. 원고 폴더에는 절별 파일을, 자료 폴더에는 참고 문서를, 백
업 폴더에는 주차별 전체 원고 복사본을 저장합니다. 프로젝트 시
작 시점에 30분을 투자해서 이 구조를 만들어두면, 앞으로 몇 달간
의 혼란을 방지할 수 있습니다.

### 파일 명명 규칙 정하기

파일 이름에 규칙을 정하세요. 장 번호, 제목, 버전을 명시하면
나중에 찾기 쉽습니다. 예를 들어 '1절_주제 발굴_v1.0.docx'처럼 말
이죠. '초고1', '최종', '진짜최종', '진짜진짜최종' 같은 이름은 혼란
만 가중시킵니다. 명확한 명명 규칙은 인지 부하를 줄여줍니다.

### AI 대화 내용 관리하기

클로드나 챗GPT에서 나눈 대화는 프로젝트별로 정리하세요. 대화 제목을 '3절_목차 설계 대화', '5절_사례 보강 요청'처럼 구체적으로 붙이면, 나중에 다시 찾아볼 때 시간을 절약할 수 있습니다. AI와의 대화는 단순한 질문–답변이 아니라 집필 과정의 일부입니다. 체계적으로 관리해야 합니다.

### 백업 시스템 구축하기

백업은 필수입니다. 매주 일요일 저녁, 전체 원고를 복사해서 백업 폴더에 날짜와 함께 저장하세요. '2025-11-24_전체원고_백업.zip'처럼 말이죠. 클라우드 저장소(구글 드라이브, 드롭박스 등)에도 자동 동기화를 설정해두면 더욱 안전합니다. 컴퓨터 고장이나 파일 손상으로 몇 주간의 작업이 날아가는 것만큼 집필 의욕을 꺾는 일은 없습니다.

### 매일 집필 후 2분 루틴

환경은 한 번 만들고 끝이 아닙니다. 유지해야 합니다. 매일 집필을 마친 후 2분 루틴을 만드세요. 책상 위를 정리하고, 오늘 작성한 파일을 저장하고, 내일 할 일을 메모장에 한 줄로 적습니다. "4절 2번째 소제목부터 시작"처럼 말이죠. 이 2분 루틴이 다음 날 집필을 10배 쉽게 만듭니다. 내일 앉았을 때 어디서부터 시작할지 고민할 필요가 없기 때문입니다.

### 주말 30분 정리 루틴

주말에는 주간 정리 시간을 가지세요. 이번 주에 쓴 절을 하나의 파일로 합치고, 백업을 만들고, 다음 주 계획을 간단히 정리합니다. 폴더 구조도 점검하고 필요시 정리하세요. 30분이면 충분합니다. 이 루틴이 있으면 프로젝트 전체를 조망할 수 있고, 진행 상황을 체감할 수 있습니다.

### 작은 혼란을 즉시 정리하기

환경 유지에서 가장 중요한 것은 작은 혼란을 즉시 정리하는 것입니다. 파일 이름이 헷갈리면 그 자리에서 바로 고치세요. 폴더가 복잡해지면 당장 정리하세요. 작은 혼란을 방치하면 쌓여서 큰 혼란이 됩니다. 큰 혼란은 집필을 멈추게 만듭니다.

### AI를 환경 관리에 활용하기

AI는 집필 파트너일 뿐만 아니라 프로젝트 관리 도구로도 활용할 수 있습니다.

"이번 주 집필 진행 상황을 요약해줘"라고 요청하면, AI가 여러분이 쓴 절을 정리해서 보여줍니다.

"다음 주에 집중할 절 3개를 추천해줘"라고 하면, 전체 목차를 고려해서 우선순위를 제안합니다.

"21일 집필 플랜 기준으로 현재 진도를 점검해줘"라고 하면, 계획 대비 진행 상황을 확인하고 필요시 일정을 조정할 수 있습니다.

지속 가능한 글쓰기 환경은 완주를 위한 필수 조건입니다. 물리적 공간을 정비하고, 디지털 환경을 체계화하고, 작은 유지 습관을 만드세요. 환경이 정비되면, 의지력을 글쓰기 자체에만 집중할 수 있습니다. 책을 완성하는 사람들은 재능이 뛰어나서가 아니라, 환경이 잘 갖춰져 있기 때문입니다. 지금 여러분의 환경을 점검하고, 내일부터 바로 적용할 수 있는 한 가지를 선택해보세요. 그 한 가지가 완주로 가는 첫걸음입니다.

# AI와 협업하는
# 하루 루틴 설계

## 아침·틈새·저녁 루틴으로 완주하기

'매일 2시간씩 쓸 거야.'

대부분의 집필 계획은 이렇게 시작합니다. 하지만 3일 후 회의가 길어지고, 일주일 후 급한 업무가 생기고, 2주 후에는 집필이 완전히 멈춥니다. 시간이 부족해서가 아닙니다. 루틴이 없기 때문입니다.

루틴은 시간을 만드는 것이 아니라 시간을 지키는 장치입니다. 매일 양치를 하는 이유는 시간이 많아서가 아닙니다. 루틴이기 때문입니다. 집필도 마찬가지입니다. 루틴으로 만들면 의지력을 소모하지 않고도 매일 쓸 수 있습니다.

이 부록에서는 아침 15분, 틈새 시간 30분, 저녁 1시간을 활용해 하루에 약 2시간을 집필에 투자하는 구체적인 루틴을 안내합니다.

### 아침 루틴: 하루를 여는 15분

아침은 집필의 시작점입니다. 하루 중 가장 정신이 맑고 방해 요소가 적은 시간입니다. 15분이면 충분합니다. 중요한 것은 시간의 길이가 아니라 일관성입니다.

아침에 일어나자마자, 또는 출근 준비를 마친 후, 책상에 앉아 AI와 간단한 대화를 시작하세요. "어제까지의 진행 상황을 요약해 줘"라고 요청하면, AI가 오늘 집중할 부분을 알려줍니다. 이 과정만으로도 뇌는 집필 모드로 전환됩니다.

그다음, 오늘 쓸 분량을 정합니다. '오늘은 5절의 두 번째 소제목 1,000자를 쓴다'처럼 구체적으로 설정하세요. 목표가 명확하면 하루 내내 무의식중에 그 내용을 떠올리게 됩니다.

시간 여유가 있다면 짧은 자유 발화를 시도해보세요. 스마트폰 녹음 기능을 켜고 오늘 쓸 내용에 대해 3분간 말합니다. 논리를 갖출 필요도, 완벽한 문장을 만들 필요도 없습니다. 그냥 떠오르는 대로 말하세요. 이 녹음을 AI에게 전달하면, AI가 이를 정리해서 초고의 밑그림을 만들어줍니다.

**아침 딥리서치 활용법**

책쓰기는 공부입니다. 오늘 쓸 주제에 대해 깊이 알아야 깊이 있는 글을 쓸 수 있습니다. 전날 저녁이나 아침 일찍 AI에게 딥리서치를 요청하세요. "오늘 쓸 주제인 '목차 설계의 원칙'에 대해 다양한 관점에서 조사해줘"라고 말이죠.

챗GPT, 클로드, 퍼플렉시티(Perplexity), 제미나이 등 다양한 AI의 딥리서치 기능을 활용해 같은 주제를 다각도로 조사합니다. AI마다 조사 방식과 강점이 다르기 때문에, 여러 도구를 함께 사용하면 훨씬 입체적인 자료를 얻을 수 있습니다. AI가 생성한 리서치 보고서는 노트북LM에 저장해두고, 출근길이나 점심시간에 대화하며 학습하세요. 좋은 책은 저자의 경험에 폭넓은 학습이 더해질 때 탄생합니다.

아침 루틴의 핵심은 '집필을 시작하는 것'이 아니라 '집필을 준비하는 것'입니다. 15분 동안 오늘 할 일을 명확히 하고, 머릿속을 정리하면, 실제 집필 시간에 훨씬 빠르게 쓸 수 있습니다.

**틈새 루틴: 일상 속 30분 활용하기**

하루 중 대부분의 시간은 집필이 아닌 다른 일에 사용됩니다. 직장인이라면 업무 시간이 8시간 이상이고, 자영업자라면 고객 응대와 운영에 시간을 씁니다. 하지만 점심시간 10분, 커피 타임 5분, 이동 시간 15분을 모으면 하루 30분에서 1시간이 만들어집니다.

점심시간에는 아침에 말한 내용을 AI가 정리한 초고를 확인하세요. 스마트폰으로 5분만 읽어봐도 충분합니다. '이 부분은 좋고, 저 부분은 수정이 필요하네'라는 판단만 하면 됩니다. 실제 수정은 나중에 하더라도, 방향을 잡는 것만으로도 진전입니다.

커피를 마시는 짧은 시간에는 AI에게 질문을 던지세요.

"6절에서 독자 정의를 더 명확히 하려면 어떤 예시를 넣으면 좋을까?"

이렇게 물으면, AI가 몇 가지 아이디어를 제시합니다. 5분 안에 다음 집필의 재료가 준비됩니다.

이동 시간에는 음성 메모를 활용하세요. 차를 운전하거나, 지하철을 타거나, 걸어가는 동안 떠오른 생각을 바로 녹음합니다.

"7절에서 STORIES 프레임워크를 설명할 때, 각 단계를 집짓기에 비유하면 어떨까?"

이런 식으로 말이죠. 이 메모들은 저녁에 AI와 함께 정리하면 그대로 원고의 일부가 됩니다.

틈새 루틴의 핵심은 '완벽하게 쓰려 하지 않는 것'입니다. 짧은 시간에는 완벽한 문장을 만들 수 없습니다. 대신 아이디어를 모으고, 방향을 잡고, 재료를 준비하세요. AI가 나중에 이것들을 정리해줄 것입니다. 틈새 시간은 창작의 시간이 아니라 수집의 시간입니다.

**저녁 루틴: 하루를 정리하는 1시간**

저녁 루틴은 하루의 마무리이자 내일의 준비입니다. 30분에서 1시간 정도 할애하면 충분합니다. 이 시간에 오늘 모은 재료를 AI와 함께 정리하고 실제 원고로 만듭니다.

먼저 오늘 하루 동안 AI와 나눈 대화와 음성 메모를 모두 꺼내세요. 아침에 말한 자유 발화, 점심에 확인한 초고, 이동 중 녹음한 아이디어까지 전부입니다. 이것들을 AI에게 한꺼번에 전달하며 요청하세요.

"이 내용들을 하나의 흐름으로 정리해줘."

AI는 흩어진 조각들을 모아서 하나의 초고로 만들어줍니다. 여러분이 할 일은 이 초고를 읽으며 순서를 조정하고, 불필요한 부분을 삭제하고, 부족한 부분을 표시하는 것입니다. 처음부터 끝까지 새로 쓰는 것이 아니라, AI가 만든 초고를 편집하는 것입니다. 훨씬 빠릅니다.

초고 정리가 끝나면, 내일 할 일을 명확히 합니다. "내일은 5절의 세 번째 소제목을 쓴다. 사례 두 개를 추가하고, 실천 가이드를 구체화한다"처럼 구체적으로 적으세요. 이 메모는 내일 아침 루틴의 시작점이 됩니다.

마지막으로 오늘 작성한 파일을 저장하고 백업합니다. 파일 이름을 규칙에 맞게 정리하고, 클라우드 동기화가 되었는지 확인하세요. 2분이면 충분합니다.

저녁 루틴의 핵심은 '오늘을 완결짓는 것'입니다. 미완성 상태로 남겨두면 무의식이 계속 그것을 떠올리며 에너지를 소모합니다. 오늘을 마무리하면 편안하게 쉴 수 있고, 내일 다시 시작할 수 있습니다.

### 주간 점검 루틴: 큰 그림 보기

평일 저녁 루틴이 하루의 마무리라면, 주말에는 주간 점검 루틴이 필요합니다. 일요일 저녁 30분을 할애해서 이번 주 전체를 돌아보세요.

이번 주 완성한 절 목록을 정리하고, 전체 목차에서 진행률을 업데이트합니다. 어려웠던 부분을 기록하고, 다음 주 집중할 장 3개를 선정합니다. 주간 백업도 이때 만드세요.

AI와 대화하며 큰 그림을 점검할 수도 있습니다.

"이번 주 작성한 4절, 5절을 전체 목차 흐름에서 보면 어떤가?"라고 물으면, AI가 일관성을 확인하고 다음 주 방향을 제안합니다. 나무만 보다가 숲을 보는 시간, 그것이 주간 점검입니다.

## 하루 루틴 종합

아침에 15분, 틈새 시간에 30분, 저녁에 45분에서 1시간. 이것만으로도 하루에 약 2시간 가까이 집필에 투자할 수 있습니다. 중요한 것은 이 시간들이 의지력을 소모하지 않는다는 점입니다. 루틴으로 자동화되어 있기 때문입니다.

처음 2주간은 루틴을 의식적으로 실행해야 합니다. 하지만 3주 차부터는 루틴이 여러분을 이끕니다. 아침이 되면 자연스럽게 AI와 대화하고, 틈새 시간이 생기면 자동으로 메모를 하고, 저녁이 되면 하루를 정리하게 됩니다. 그때부터 집필은 여러분의 일상이 됩니다.

지금 여러분의 하루를 돌아보세요. 아침, 틈새 시간, 저녁 중 어느 시간대가 가장 활용 가능한지 파악하세요. 그 시간대부터 루틴을 만들어보세요. 완벽한 루틴을 만들려 하지 마세요. 작게 시작하고, 2주간 실행하고, 필요하면 조정하세요. 여러분만의 루틴이 완성되면, 책 한 권을 완성하는 것은 시간문제입니다.

# 초고 기획서
# 템플릿

**《글은 못 쓰지만, 좋은 책을 냅니다》에 적용된 Outline Proposal**

이 부록은 《글은 못 쓰지만, 좋은 책을 냅니다》를 집필할 때 실제로 사용한 초고 기획서입니다. 11절에서 설명한 초고 기획서의 구조가 어떻게 적용되었는지 직접 확인할 수 있습니다. 여러분의 책을 쓸 때 이 템플릿을 참고하여 자신만의 초고 기획서를 만들어보세요.

### 1. 주제 선언문

**제목:** AI와 함께라면 누구나 책을 쓸 수 있다

**부제:** 말하듯 쓰는 시대, 당신의 이야기를 책으로 만드는 가장

현실적인 방법

이 책은 책을 쓰고 싶지만 막막함, 두려움, 시간 부족으로 시작을 미뤄온 사람들을 위한 책입니다. 퍼스널 브랜딩이 필요한 전문가·CEO, 20~30년 쌓은 전문성을 책으로 정리하고 싶은 직장인, 인생을 기록하고 싶은 시니어 독자층 등 다양한 사람들이 공통적으로 겪는 질문-'어떻게 시작해야 하지?', '내가 과연 쓸 수 있을까?', '전문가가 아니어도 될까?'-이 문제를 AI 기반 대화형 글쓰기 방식으로 해결합니다.

독자들은 이 책을 통해 AI를 '도구'가 아닌 진짜 글쓰기 파트너로 활용하는 실전 프로세스를 얻습니다. 자신의 경험·전문성·삶을 책의 언어로 재구성하는 기술을 배웁니다. 책을 통한 퍼스널 브랜딩·검색 자산·수익화 기회 창출 전략을 획득합니다.

저는 AI최강작가·AI최강비서를 통해 수많은 사람이 책 한 권을 완성하는 과정을 실제로 돕고 이끌어왔습니다. 그 과정에서 명확해진 진실은 하나입니다.

"AI와 함께라면 누구나 책을 쓸 수 있다."

**2. 집필 목적**

이 책의 목적은 AI 기반 대화형 글쓰기 방식을 통해 누구나 책을 쓰는 과정을 구조화하고, 시작을 막는 두려움·막막함·시간 부족을 해결할 수 있도록 돕는 데 있습니다. 또한, 개인이 가진 경험·전문성·삶을 책이라는 매체를 통해 재정렬하여 퍼스널 브랜딩, 실전적 기회 창출, 자기 이해 확장을 가능하게 만드는 데 목적이 있습니다. AI를 '도구'가 아닌 실질적 협업 파트너로 활용하는 새로운 집필 방식을 소개함으로써, 독자가 스스로 완주 가능한 집필 시스템을 획득하도록 돕고자 합니다.

### 3. 타깃 독자 정의

이 책의 주요 독자는 책쓰기를 꿈꾸지만 시작하지 못한 입문자들입니다. 전문가, CEO, 직장인, 시니어 등 다양한 배경을 가진 사람들이 공통적으로 겪는 '어떻게 시작해야 할지 모르겠다'라는 고민을 해결하고자 합니다. 이들은 퍼스널 브랜딩이 필요하거나, 20~30년 쌓인 전문성을 정리하고 싶거나, 자신의 삶을 기록으로 남기기 원하는 사람들입니다. 독자들은 재능이 아니라 구조와 시스템에 의해 완주 여부가 결정된다는 점을 이해하고자 하며, AI가 이 과정을 어떻게 보완할 수 있는지 알고 싶어 합니다.

#### 대표 독자 페르소나

- **페르소나 1** – 김지훈(42세, 컨설턴트): 10년 넘게 쌓아온 비즈니스 경험을 책으로 정리하고 싶어 하지만 바쁜 일정 때문에 시

작을 미뤄왔습니다. 글쓰기 재능이 부족하다고 느끼며, AI를 어떻게 활용해야 할지 감이 없습니다. 이 책을 통해 구조화된 글쓰기 방법과 AI 협업 방식을 배우고자 합니다.

- **페르소나 2** – 이정화(57세, 퇴직 예정, 시니어 독자): 삶을 기록하고 싶지만 어떻게 구성해야 할지 막막합니다. 장문의 글을 혼자 쓰는 것이 두렵고, 누군가의 도움을 받고 싶습니다. AI가 동반자가 되어 자신의 이야기를 정리할 수 있다는 가능성에 매력을 느낍니다.

### 독자 여정

- **시작점**: 책을 쓰고 싶지만 두려움·막막함·자신감 부족 상태
- **변환점**: AI 대화형 글쓰기 시스템을 학습하며 주제·목차·초고의 구조를 이해
- **도착점**: AI와 함께 완주 가능한 집필 시스템을 구축하고, 책 한 권의 초고를 완성하며 새로운 기회를 열어감

### 4. 핵심 메시지 구조

이 책이 전달하는 핵심 메시지는 다섯 가지입니다.

첫째, AI와 함께라면 누구나 책을 쓸 수 있습니다. 둘째, 책쓰기의 성패는 재능이 아니라 구조, 즉 시스템의 존재 여부로 결정됩니

다. 셋째, 말하기 기반의 AI 대화형 글쓰기는 초보자의 가장 큰 어려움을 해결합니다. 넷째, STORIES 프레임워크는 주제 → 목차 → 초고 → 풍부화 → 퇴고까지 전체 여정을 완성해줍니다. 다섯째, 책은 개인의 경험·전문성을 '존재 자산'으로 전환시키는 가장 강력한 도구입니다.

핵심 메시지들은 "누구나 책을 쓸 수 있다"라는 최상위 명제를 중심으로 유기적으로 연결됩니다. AI의 역할은 재능을 보완하고, 구조의 부재로 무너지는 지점을 메워주는 시스템적 도구로 제시됩니다. 이러한 시스템은 말하기 기반 글쓰기 방식과 STORIES 프레임워크를 통해 구체화됩니다.

각 장의 시작에서는 "AI와 함께라면 누구나 책을 쓸 수 있다"는 대전제를 자연스럽게 상기시키고, 각 절은 구조적 도움의 필요성을 사례와 함께 강조합니다. 후반부 장에서는 '완주 가능성'과 '확장성'을 강조해 독자가 책쓰기의 장기적인 가치를 체감하도록 설계합니다.

### 5. 최종 목차 및 장별 요약

**1장. 책, 나도 쓸 수 있을까?**

1절. 어느 날 갑자기, 책쓰기가 쉬워졌다: 누구나 작가가 되는 시대. AI로 출간 장벽이 낮아지며 책이 개인의 '존재 자산'이 되는 새로운 기회를 제공한다.

2절. 재능 없어도 쓰는 사람들의 비밀: 책쓰기 성패는 재능이 아니라 '구조 유무'로 결정된다. 혼자 쓰면 무너지는 지점을 AI가 보완해준다.

3절. 책 한 권이 10년을 바꾼다: 퍼스널 브랜딩·전문성 정리·강연·수익화 등 책이 열어주는 기회를 통해 독자의 내적 동기를 강화한다.

**2장. 뭘 써야 할지 모르겠어요**

4절. 10분 대화가 주제를 찾아준다: 말로 풀어내면 핵심이 드러난다. 자유 발화를 기반으로 AI가 주제의 본질을 정리해주는 방식을 안내한다.

5절. 한 문장으로 책 전체를 잡는다: 흩어진 생각을 문제의식·독자·해결 시나리오로 묶는 주제 선언문 템플릿으로 책의 중심을 만든다.

6절. 누구를 위한 책인가?: 타깃 독자를 명확히 설정하면 메시지가 선명해지고 책의 전략이 달라진다.

7절. 성공률 96.2%의 비밀, STORIES: STORIES 7단계를 소개하고, 이번 책에서 경험할 단계를 맛보기로 제공한다.

**3장. 목차부터 제대로 짜야 산다**

8절. 무너지지 않는 목차, CHARTS: Concept −Hierarchy −

Audience-Refinement-Thematic-Structure를 기반으로 논리적·완결성 높은 목차를 설계한다.

9절. 독자가 덮지 않는 목차 만들기: 장의 흐름, 갈등·해결 구조, 제목 작명 등 독자가 끝까지 읽는 책의 목차 설계 전략을 소개한다.

10절. AI가 목차를 완성해준다: AI에게 목차를 반복 확인시키는 질문법과 맡길 부분·직접 해야 할 부분을 구분하는 실전 전략.

**4장. 책의 설계도, 초고 기획서**

11절. 책의 설계도를 먼저 그려라: 책의 흐름과 장별 메시지를 정리하는 초고 기획서 템플릿을 소개하며 책쓰기의 뼈대를 완성한다.

12절. 21일이면 초고가 완성된다: 주간·일간 집필 계획, 지속 가능한 루틴 설계를 통해 입문자가 완주할 수 있는 실행 플랜을 제안한다.

13절. 1시간에 1절 끝내는 법: 음성 입력과 자유 발화를 활용해 AI가 초고를 정리하게 하는 가장 빠른 글쓰기 방식을 소개한다.

**5장. 얇은 초고를 두껍게**

14절. 내용이 빈약하다고요?: 노트북LM 등 자료 기반 도구로 예시·사례·데이터를 풍부화하며 책의 깊이를 확장하는 전략.

15절. 읽히는 글에는 비밀이 있다: 문체·톤·스토리 결을 강화해

읽히는 글을 만드는 방법을 AI 협업 기반으로 설명한다.

## 6장. 드디어 출간이다

16절. 퇴고가 책을 완성한다: 문장 다듬기, 논리 점검, 근거 검증 등 원고의 정확성과 완성도를 높이는 퇴고 전략을 다룬다.

17절. 출간, 생각보다 간단하다: 전자책 제작, 표지, 목차 링크, 메타데이터 등 실제 출간 과정에서 필요한 기술 요소를 정리한다.

## 7장. 출간 후, 진짜 시작이다

18절. 이제 세상이 당신을 알게 됩니다: 출간 홍보, 소개 글 작성, 첫 노출 전략 등을 통해 책의 첫 임팩트를 만드는 브랜딩 방법을 제시한다.

19절. 이제 사람들이 먼저 찾아옵니다: 책 이후 등장하는 강연, 컨설팅, 클래스 등 다양한 비즈니스 기회를 사례 기반으로 설명한다.

20절. 두 번째 책을 쓰는 작가로: 두 번째 책, STORIES 워크북, 콘텐츠 생태계 확장 등 장기적 작가 브랜딩 전략을 안내한다.

## 8장. 흔들려도 다시 쓰는 법

21절. 흔들려도 다시 쓰는 법: 슬럼프 극복, 마인드셋 정립 등 입문자가 무너지는 지점을 구조적으로 해결하는 마음가짐을 제공한다.

　　　　　　　　　

## 6. 책 형식 및 각 장 구조

- 책 형식 한 문장 정의: AI 대화형 글쓰기를 통해 초보자도 완주할 수 있도록 돕는 실전형 책쓰기 입문서
- 각 장 기본 패턴: '문제 제기 → 핵심 원리 설명 → AI 적용 방법 → 독자 실천 가이드'의 흐름으로 구성합니다.

이 초고 기획서는 집필 전에 작성되었으며, 실제 집필 과정에서 목차와 장 구성이 일부 조정되었습니다. 초고 기획서는 고정된 설계도가 아니라 집필 과정에서 함께 진화하는 살아있는 문서입니다. 여러분도 이 템플릿을 참고해 자신만의 초고 기획서를 만들어보세요. 설계도가 완성되면, 글쓰기는 훨씬 수월해집니다.

**글은 못 쓰지만,
좋은 책을 냅니다**

1판 1쇄 발행 2026년 4월 24일

지은이 황성진

펴낸이 최준석
펴낸곳 한스컨텐츠
주소 경기도 고양시 일산서구 강선로 49, 404호
전화 031-927-9279 팩스 02-2179-8103
출판신고번호 제2019-000060호 신고일자 2019년 4월 15일

ISBN 979-11-91250-18-3  13320